U0109903

史仲文·著

生死
兩論（上）
生命，向傳統提問

認識大陸作家系列

序

依例，一本書出版前，要做一個序的。

那麼，「序」什麼呢？

——敘敘為什麼要寫「生」與「死」。

為什麼？

因為「生」與「死」——在我看來，是構成人類文明發展的基礎性四大原動力之一。

這四大原動力是：

1. 文明與自然的矛盾動力

人類一方面是自然的產物，一方面又是文明的產物。自然與文明的兩重基礎構成了人類的兩個最基礎的屬性，所以哲人才說，人是什麼？一半是野獸，一半是天使。獸性代表了自然屬性，天使代表了文明屬性。

自然與文明，天生是矛盾的、衝突的，在矛盾中求和諧，在衝突中求發展。文明的產生既是對自然的昇華，又是對自然的破壞。單從空間角度看，文明進一步，自然便退一步；文明的巨進，往往導致局部自然環境的毀滅。如我國的黃土高原，盛唐之前，應該還是一個草豐林茂的領域，後來便衰敗了，荒蕪了，樹也少了，林也沒了，水也黃了。中國古代都城從西遷到東，由北遷向南，自然環境的改變顯然是一個重要的原因。由此觀之，大唐王朝固然是中華歷史文明的一大驕傲，但在保護黃土高原的環境方面，卻是一個

失敗者。要特別指出的是，古人的優越在於，一方自然環境破壞了，可以奔向他方；今日的現實局面是，一旦環境破壞了，已無地可遷。

2. 文明與文明的矛盾動力

文明不但與自然矛盾，而且與自身也矛盾。舊文明與新文明往往水火不相容。那情形有如賈寶玉與賈政，林黛玉與王夫人的矛盾。

黑格爾所謂：構成悲劇的，並非好人殺死壞人，那是正劇；也非壞人殺死壞人，那是喜劇；又非壞人殺死好人，那是仇恨劇；而是好人殺死好人，那個才是悲劇。

原本你也是文明的一種，我也是文明的一種。然而文明固然文明，新、舊相對，卻如仇人相見，分外眼紅。雖然站在今天的角度看，這種矛盾形態十分複雜，往往你中有我，我中有你，且你變我也變，我變你也變，但從歷史的長河看，新、舊文明的矛盾衝突，既是無可避免的，也是推動人類歷史進步的原動力之一。如封建社會必定取代奴隸社會，市場經濟終將取代小農經濟。

3. 個體與群體的矛盾動力

個體概念清晰，群體則內容複雜，小到團體，大到人類，中間包括部落，包括企業，包括社區，包括民族，也包括國家。

這矛盾古已有之，但因歷史的變化而定為不同。或許可以這樣說，不同文明類型的一個典型標誌，就是個體與群體的不同定位方式。例如，奴隸時代是一種定位方式，封建時代是一種定位方式，資本主義時代又是一種定位方式。

定位永無止境，正像文明進步之未有窮期。

4. 生與死的矛盾動力

人—凡人，總是要死的。有死必有生，有生必有死。從一個角度看，叫作生生不已，從另一個角度看，叫作吐故納新。

本書討論的就是這四大基礎動力的第四個動力及其精神支撐點。

以中國傳統文化而論，我們的祖先最是重生而輕死的。子路問孔子關於死的問題，孔子回答：「未知生，焉知死？」

儒家既不喜歡言死，道家更不喜歡「死」這個命題。依湯一介先生的研究，世界上絕大多數宗教關心的都是「死後如何？」而我們中國的道家—道教關心的卻是「如何不死？」

死，是多麼可悲、可哀又可驚、可畏的事情，我們的道教不研究這個，他們要超脫一步，研究用什麼方式告別死亡，最好是肉體成聖，羽化登仙。

佛教在我國影響亦深亦遠，最有影響的派別，是禪宗與淨土宗。因為這兩「宗」與我們中國人的傳統觀念，尤其是在生與死的層面頗為恰合，甚是相通。禪宗不重視定、慧雙修，特色是它的禪機，禪機即智慧，智慧即障礙，打破禪機便可解脫，一語通禪，四大皆空。

淨土宗也不強調定、慧雙修。它宣揚極樂世界。它的獨特之處在於，只要念佛，便可成佛。所謂放下屠刀，立地成佛。西方極樂世界本不在遠，你只消高頌佛號，那極樂之門便向您時時開放著。

中國文化重生輕死，這是一個好傳統。而且我們中華民族無疑是人類歷史上最為勤勞，最不怕吃苦，最勇於吃苦，最具生存韌性與生存能力的民族。

我們不像西方基督教文明那樣看待生死，更不像日本武士道那樣去對待死亡。

　　然而，畢竟時代不同了。

　　生為現代中國人，對於生與死，顯然應該具有開放的胸襟，具有現代的理念。

　　所謂開放的胸襟，即不但應瞭解自己的母文化，還要瞭解別人，瞭解別人的文化與文明。

　　所謂現代的理念，即生與死的觀念要現代化。

　　以「生」而論，重生輕死固然不是壞事，但「生」也要講一個「生」法。

　　中國傳統文化，對生是重視的，甚至是珍視的，但對個體生命顯然是重視不夠，對個體生命重視不夠，常常為著某種集體的名義，便可以將個體生命置之於不顧，甚至置之於死地，以至置之於死地而後快。例如為一個禮教，便理直氣壯的犧牲千千萬萬個體的幸福、健康與生命。

　　孔夫子講「君君臣臣父父子子」，作為弱者一方的生命就有些貶值。後來儒學以「三綱」「五常」為立國立身之本，那後果更不好了。人分九等，生命的價值也分九等。姚期的兒子打死了郭太師，這郭太師是皇帝的老丈人，據說是個佞臣，姚期綁了兒子上金殿請罪。他的夫人與他同行，他滿意；他的義子隨他同行，他更滿意；他合府的僕人都自願上綁隨他請罪，他不但滿意，而且大為感動。他說：「我死為忠，子死為孝，妻死為節，你們大家成全老夫一個「義」字，來、來、來，受老夫一拜。」

　　如此種種，豈不荒唐！

　　文天祥所謂「孔曰成仁，孟曰取義。唯有義盡，所以仁至。爾今而後，庶幾無愧」。站在今天的立場看，世間一切事務沒有比人的生命更寶貴的。仁之所以為仁，在於認可珍視人的生命為第一準則；義之所以為義，因為它自覺捍衛珍視人的生命這個第一準則。且，既然珍視生命，珍視每一個生命便是題中應有之義，不可或缺

之義。這其中當然包括弱者的生命，愚者的生命，貪者的生命，乃至垂死著的生命，犯罪者的生命，這樣的文明，始可稱之為現代文明。

不但重生—重生命的質量，而且重死—重死亡的文明。死亡其實也是生命的一部分。單單有漂亮的生存，在生命的結束處，還只能畫一個「，」，甚至「？」；唯有也把死亡計劃在內，不但生得漂亮，而且死的文明，那麼，才可以在生命的終結處，畫上一個「。」，或者「！」。

中國古人對生死之事，議論也多，最有影響的一種，乃是「人固有一死，或重於泰山，或輕於鴻毛。」

這當然也是對的，而且既然人人必有一死，為什麼不讓自己死的重於泰山呢？！如果只有泰山和鴻毛兩種選擇的話，那麼我想10000個人當中，怕有10000個人要毫不猶豫的選擇泰山。

然而，我要補充的是，生命之價值，本身就重於泰山。生命之所在就是它自身的價值之所在。

因此，身為現代文明時空段的現代人，不能輕言去死。

為著某個物品去死，為著某種理念去死，甚至為著某種精神去死，若非時代性過錯，也當慎重研究。

不但不能輕言去死，而且在將來的某一天，人類一定會集體約定廢除死刑。此無它，因為人類終將接受這樣的理念：人的生命是不可以被殺的。

不但廢止死刑，一切導致人的生命非正常死亡的主導行為都將被廢止。

俠要殺人，就要廢俠；

禮要殺人，就要廢禮；

法要殺人，就要變法；

戰爭要殺人，就要中止戰爭。

　　這自然是我們追求的未來目標，就今天而言，用一句話表示，即：不但要死得值，尤其要死得好。

　　死得好，即要確立臨終關懷；即要善待每一個生命的終結；即要研究安樂死。

　　生的快樂，乃幸福中最好的幸福。

　　死的安樂，這生命才算有了一個幸福的結局。

　　當然，首要的還是生存得好，生活得好。

　　生活得好，包括從細節做起，包括從每一天做起，殊不知，一個好的細節，例如塗上一個好的口紅，都可能歡快一天；飲一杯好的咖啡，也可能回味一月。

　　人的生命，一頭是生，一頭是死，所以不見得人人屬於先鋒派人物，卻實實在在，我們每個人都如傑克‧凱魯亞克所言，人人活「在路上」。

　　這路上，有多少時日，我們無法知道，但我知道梅裏美的卡門有一句名言：「我一想起那一天，我就忘了還有第二天。」

　　我以為，人生在世，其中一個重要因素，就是尋找「那一天」！

史仲文

2006 年 12 月 7 日於石景山北方工業大學寓所

目　次

一、生命、生活與多樣性

　　討論人生，常常從觀念入手，從基本的概念入手。比如未談人先談善，或者未談人先談真。西方當代著名哲學家艾德勒寫過一本《六大觀念》，影響很大，傳播很廣。所謂六大觀念，即：真、善、美、正義、自由、平等。這種討論方式無疑有它充分的理由，但又是傳統的。

　　討論生，不能從觀念入手，觀念再偉大，也莫大過於人。人是觀念的主人，有人而後有觀念。沒有人哪有真，哪有善，又哪有正義，哪有自由哪有平等。觀念好比是人的衣服，在特定的時代，衣服可以決定人。比如古代中國，能穿杏黃色衣服的就是皇帝、皇后、皇太后，能穿紅袍、紫袍的一定是高官。穿袈裟的定是和尚，穿布衣的才是老百姓，那是不能錯的。俗人穿上袈裟，也是個罪名，起碼是做假和尚。明明是俗人，扮作假和尚，若非圖謀不軌，必定別有原因。這個也還罷了，如果一個布衣敢私穿官服，那是要定罪的，如果敢私製或私穿皇帝的「行頭」，那是要殺頭的。阮小七因為穿方臘的龍袍耍，就得罪了大宋皇帝，和珅因為家中有皇家私物，也促成了他被殺的罪名。但是，衣服怎麼能大過人呢？衣服大過人，是人的本性的異化。

　　現代文明理應恢復其本來面貌。所以，討論生時，先應從生命談起。

1

1.生命，是生的第一時態

珍愛生命，生命來之不易。

人類認識的一個誤區，在於它有意無意地輕視或者說忽視了那些最重要的須臾不能離開的內容。例如，人類重視食物勝於重於水源，而重視水源又勝於重視空氣。但是，如果沒了空氣──氧氣，憑你是什麼人還能活幾分鐘呢？

人人都有一條命，生命對人是最重要也是最基本的，然而，因為人人皆有之，有時反而被忽視了，既然人人盡有，還有什麼新鮮？然而，雖然現在地球人口已經達到 60 億，而且還在災難般地增長，但生命的到來，都是一個奇蹟，至少是統計學上的奇蹟。

美國路易斯・湯瑪斯寫過一本書《觀海窺天──現代生物學的啟迪》，他在談到每個生命誕生的時候，說了這樣一段話：

> 用統計學的眼光來看，全世界的人無論誰來到人間的概率都是極小的。因此，我們應該想到，僅僅生身這一件事就足以證明我們是天之驕子，使我們大家在驚喜之際產生一種躊躇滿志的心理。就遺傳學說，有機會到這個世界上來的人，數量大的驚人，那些薄命的候補者不計其數，大大超過我們這些享受著有生之樂的人，如果不是運氣不好，他們本來很可能就處在我們今天的位置。

講得很精到。別的不說，只說一個精子能與一個卵子會合就有多麼困難。它需要愛情作媒公，需要性交作動力，即使千難萬難，進入陰道，還有那麼漫長的道路要走。中途失意者多，死亡者多，失意者亦沒有同情，死亡者亦沒有悼念，剩下那些幸運者，也沒有

嚮導，沒有自覺，沒有工具，沒有朋友，連一隻把手都沒有，連一雙靴子都沒有，可說歷盡千辛萬苦，才與一個同樣幸運的卵子會合。

一個男性，一次性交有多少精子，大約 3 億個精子，而一次成功的受孕需要多少次性交，從概率上講，也不會很少的。若以百次做愛計，那麼，一個男性施放出的精子就有 300 億之多。而一個生命，只是這 300 億中的一個。300 億精子大軍，唯有一個可以生存，這是何等的幸運。

由此觀之，人能夠以一個生命形態來到人間，不容易呀！真不容易呀！

生命來之不易，但不是到了人間，就可以萬事大吉。這人間同樣充滿了各種危險和坎坷。可能有病魔的襲擊，可能有自然災害的襲擊，可能有天災，可能有人禍。我想，凡是看過《黑鏡頭》中選錄的那些非洲饑餓的兒童的照片的，那心靈不能不受到強烈的震撼。而親歷過幼小生命夭折的人，更會對此產生莫大的同情和不能用言語表達的特別的情感。

過去科學不發達，孩子長大成人的概率不高，現在科學發達了，嬰幼兒死亡率大大降低，但不是每個生命都能得到科學的善護，受到必要的教育。

> 生命之可貴，還表現在每個生命都有自己鮮明的個性，正如世間沒有任何兩個人的指紋可能是相同的一樣，也沒有任何兩個聲音是一模一樣的。我們每個人都是一個完備而獨立的個體，由細胞表面特異的蛋白質構形加以標記，可以根據精緻的指紋的螺渦，甚至可以根據身體特殊的混合氣味而一一加以鑒別，生命將每一刻都在機遇中舞動。[1]

---

[1] 〔美〕路易斯·湯瑪斯《觀天窺海──現代生物學的啟迪》第 60 頁。高務

　　凡生命都是美麗的，而且這美麗因每個個體的不同而顯得尤其豐富多彩，無比豐富多彩。凡生命都是美麗的，而這美麗的生命如同一株株美麗的花草，但他們不見得就能得到足夠的水、足夠的陽光和足夠的養份。

　　這其實是對於生命的褻瀆，而能夠保證每個生命都盡其歡樂、極盡所長、盡極個性的文明，離我們還很遙遠哩！但至少我們應該確立這樣一個信念，對生命的珍視，不容置疑。如果說人類今天的文明還有種種不足，那麼，就以珍愛每一個生命開始它新的歷程好了。

　　生命來之不易，生命無比神聖。生命天生是神聖的，而且每一個生命全都神聖。生命天生神聖，不管這生命是雄壯的、還是柔弱的。雄壯的生命如山，柔弱的生命如水，世間山水常在，生命之樹常青。生命是神聖的，也不問這生命是聰明的，還是木訥的。聰明的生命折射出智慧之光，木訥的生命表現著敦厚之風。智商有高低，生命無貴賤。生命是神聖的，又不問這生命是美的，還是醜的。傻孩子同樣讓人產生特有的歡愉，醜孩子同樣令人產生別樣的情感。褒西施，貶東施，是一種狹隘的偏見，熱愛艾斯米拉達，也愛凱西莫多，才真正表示了人的眼光。生命是神聖的，更不問這生命是男性，還是女性。生命屬於人類，沒有男女之別。對於神聖的生命，世界各個文化傳統，均有諸多高明的見解，也存在過一些歷史的偏見。

　　基督教，宣揚上帝造人，上帝給人以愛。上帝造人，給予人在萬物之中的中心地位。上帝給人以愛，並非只愛家人，不愛窮人，並非只愛智者，不愛愚者，並非只愛健全的人，不愛殘疾人。上帝造人，又賦予了人與人之間的平等權利，這是基督教的獨到之處，

印書館 1994 年 1 版。

也是它的高明之處。然而，基督教又宣揚原罪說，人人都有原罪，且永生永世懺悔不已。我們不能同意原罪說，原罪說中的人類，未免活得太辛苦太沉重。生命的本性是快樂的，它理應自由自在，以人的面貌在人的文明歷程中自由地飛舞。

佛教善度眾生，最具慈悲心腸，對於人間苦難，充滿憐憫。佛陀立論之道，在於不忍之心。我佛慈悲，在那些戰亂頻仍的年代，以它獨特的方式挽救過無數無辜的生靈。然而，佛的立論又未免太過悲觀，他認為人生在世，只有苦難，人生四諦，成為苦難之源。因此主張涅槃，認為涅槃才是對苦難的總告別，修成正果才是對死亡的超越。我們不同意佛教這些悲觀理念，我們認定神聖的生命理應是快活的生命，而快活的生命有權盡享人間之樂，如茂盛的草木，盡享每一滴雨露，每一束陽光。

道家與道教熱愛生命，別開生面。道家熱愛生命，不分高下，莊子書中寫了許多奇形怪狀的生命，而且賦與他們超常的智慧。生命各有不同，歧視不合道家本意。道教熱愛生，拒絕死，道教對死亡沒有興趣，他們心目中的天堂，實乃一切人間享受的極致。

然而，道家走向無為，無為不合生命的本性；道教走向神秘，神秘亦不合生命的本性。我們不同意道家道教之說，我們主張神聖生命的此在性，生命就該在人世間弘揚，人世間奮勇，人世間輝煌。

儒學重生輕死，對靈魂興趣無多，對鬼神敬而遠之；與其研究未來，不如研究現在；與其研究來世，不如關注今世。儒學關懷實際，不尚空談。但儒學的骨子裏是等級制的，禮制即等級制，雖說仁者愛人，卻又主張人與人有賢愚之別。孔子的上智下愚之說，董仲舒性三品之論，人為高下，等分三級，以後越分越細，差距愈拉愈大，有人上之人，有人下之人，人上人下，從而失去人的本意。我們不能同意此說，我們主張凡生命都是平等的，上智也是人，下

愚也是人，而且根本沒有什麼上智下愚，萬難同意三綱五常，生命就是生命，他們同等寶貴，同樣無價。

生命是神聖的，它不分種族，不問民族，不論國籍，不管信仰。生命是神聖的，不問民族。漢族人的生命神聖，回族人的生命神聖，滿族人的生命神聖，藏族、蒙族人的生命同樣神聖；中華民族人的生命神聖，大和民族人的生命神聖，阿拉伯人的生命神聖，以色列人的生命神聖，印度人的生命也神聖，一切民族的生命無不神聖。

生命是神聖的，更無國籍之分。美國人生命神聖，俄羅斯人的生命神聖，羅馬尼亞人生命同樣神聖，世間一切國家無論大小，沒有一個國家的生命不是神聖的。

生命是神聖的，也不論信仰。信仰是一種文化，信仰自由，不應該受到任何限制，也不應受到任何一種形式的歧視。只要你是人，不論你信什麼，人的生命價值都是等價的。這原則，不但通行於任何信仰的人世之間，就是遠在天國的上帝、真主、佛陀、教主、聖人以及所有主持公道的在天之靈都會同意的。愛人不能普遍，其有資格成為神乎？倒是那種認為種族有高下的觀點是極其荒謬的。

而荒謬的觀點，不批駁，就為害，一旦與政治結合還會造成巨大的社會災難。例如人人痛恨狗屎不如的希特勒，就認定德意志民族是優等民族，而猶太民族是最低等的民族。這種狗屎人物的狗屎理論，實在不值一駁。倒是它能在某個特定的歷史時期，居然猖獗一時，值得後人深刻反思。

不但種族間沒有優劣之分，那種天生強者，天生智者，都是不可信的。人的智商會有區別，人的肌體也有區別，但這不影響人的價值，而且在不同的文化背景下，我們很難說哪種智力類型機會更多些，也很難說，那種肌體類型的創造力更強些。由此聯想到人的基因。

　　基因是否有優劣，那要看針對什麼而言。比如一個十分耐冷的基因，如果生活在南極北極，它的優勢明顯，別人可能凍傷，唯他渾不在意。但他縱然有這樣的基因，也只在寒冷的地區有效。若到赤道周邊生活，這基因的優勢只能轉作劣勢了，難免熱得不堪，要伸著舌頭散熱，向自己的寵物學習。

　　基因本質上沒有優劣，任何一種基因，或者說任何人的基因都是有缺陷的，正如各類基因必然有其獨特的長處一樣。沒有任何長處的基因，不能構成生命，此理不言而喻。沒有任何缺陷的基因，也不成為基因，它將中斷人的基因的遺傳進化過程，從而達到非人的地步。因為它沒有任何缺限，它將具備永生的品性，而這不是人的生命可能達到的，也不是人的基因進化可以達到的，又不是任何科學手段可以改造而成的。人終有一死，說明無論何種基因只能展示自己的生命過程。

　　生命是神聖的，神聖的生命不允許受到任何一種方式或者一種理由的無端傷害。

　　孔夫子說：「仁者愛人。」這是道德之說。

　　基督教主張恕道，說一個人打了你的左臉，你不要報復他，而應該把右臉也送上去。這是信仰之論。

　　毛澤東說：「世間一切事物中，人是最可寶貴的。只要有了人，什麼人間奇蹟都可以創造出來。」這是功利之論。

　　我們所主張的生命的神聖性，是強調生命的存在。生命的存在本身就是神聖的。

　　一切文明都應為生命服務。文明的價值，在於對生命發展的順應，優合與強化。而不是歪曲它，改變它，打擊它，傷害它，或者使它不快活，不安全，不自我，不健康。否則，不論什麼名目的文明，都將失去文明的本性，從而蛻變出或被驅逐出人類的樂園。

生命是神聖的，生命又是開放的，發展的；它的存在，不是封閉，不是靜止，它的表述公式是：

　　存在，活著，然後更美麗。

首先是存在，存在是生命本在性的第一定義。沒有存在，四大皆空。存在即活著，活著多好。至少我們大陸中國人，能認識到活著多好，是不容易的。余華認識到這一點，他寫了著名小說《活著》，後來拍成電影，還得了大獎。

劉恒認識到這一點，他的著名小說《貧嘴張大民的幸福生活》，對此有生動而又深刻的形象表現。他借張大民父子的對話告訴世人這個樸素的真理。

兒子問：「爸，人為什麼會吃飯？」

「我也不大懂，問你媽。」

「媽，人活著有什麼意思呢？」

「有時候沒意思，剛覺得沒意思又覺得特別有意思了。真的，不信問你爸。」

「爸，人活著沒意思怎麼辦？」

「沒意思，也得活著。別找死！」

「爸，為什麼？」

「我說不大清楚，我跟你打個比方吧。有人槍斃你，你再死。只要沒人槍斃你，你就活著。我的意思你明白了嗎？」

「請重複一遍。」

「有人槍斃你，沒輒兒，你再死，死就死了。沒人槍斃你，你就活著，好好活著。兒子，我的兒子，你懂了嗎。」

「OK！爸爸你真棒！我懂啦！」

生命的存在就是活著，而且生命自身也在發展。

生命如果不發展，就根本不會有人類了。連兔子都不會有，兩棲類的烏龜和青蛙都不會有，魚都不會有，乾脆連三葉蟲都不會有。

生命活著，它不斷地進化著，而美麗的生命日日夜夜，片刻不停地奔向未來。

為著生命的存在，我們要活著；為著生命的未來，我們要生活。

2.生活，是生的第一選擇

人生在世，內容很多，但第一要事是生活。這話不適合革命大道理。革命者說，人生第一要事是革命，其次才是生活。激進者說，人生第一要事是工作，不工作活著還有什麼價值。

筆者年輕的時候，受的正是這樣的教育。那時候，學校、老師經常引導我們思考，是生活重要，還是工作重要。形象地說，是討論吃飯與活著的關係，那公式叫做：吃飯是為了活著，但活著不是為了吃飯。這當然是對的，活著不僅僅是為了吃。然而，吃飯事大，雖然活著不僅僅是為了吃，但取消了吃飯，連活著都成問題，還有工作的可能，還有革命的可能嗎？實際上，天下的古來的革命，都與吃飯受到威脅有關。如果吃的好喝的好，吃的是營養餐，喝的是茅臺酒，還有那麼多革命發生嗎？毛澤東有一句話說的好，他說天底下什麼問題最大，吃飯的問題最大。何況說，即使一生只在吃飯，專心於吃飯，致力於吃飯，吃成了烹調家、營養家、美食家，那也很不錯。要知道，雖然人人都會吃飯，但夠得上烹調家、營養家、美食家資格的人可就少了。

但在相當長的時期內，主要是極左路線猖狂時期，人們輕重顛倒，黑白不分。狂言革命，妄想革命，曲解革命，空談革命。自認為中國是革命的聖地，又是革命的故鄉，說中國是世界革命的根據

地。這些故言亂語，害了青年，害了社會，害了國家。中國人每當左的口號喊得最響的時候，准是最倒楣的時候，是吃飯定量最少的時候，是肚子最餓的時候，也是懶蛋最多的時候。毛澤東主席總結了世界上什麼問題是最大的問題，卻又要把階級鬥爭天天講，月月講，年年講，結果講出了一個「文化大革命」。

現在我們明白，革命這個詞是個極其嚴肅的用語，因為它極其嚴肅，當然不可亂用。革命就是革命，革命有極嚴肅的針對對象，特別是社會革命。非面對壓迫，不能亂用革命；非面對全社會的敵人，不能妄談革命；非在階級鬥爭極其劇烈的情況下，不能產生革命。更何況說，革命代表的主要是社會生產力的歷史轉變，很多情況下，縱然存在劇烈的階級鬥爭，也不具備產生歷史性革命的條件。

人類要生存，一要生活，二要生產，沒有生產不行，但生活是生產的原動力，這是自然界的基本規律，也是顛撲不破的大道理。

一隻猛獸，如果不是為了吃飽肚子，它不會四處尋找獵物。老虎吃飽「飯」，不見得不仁慈；狼群不饑餓，不見得會比人殘忍；螞蟻沒有食物之憂，又何必一輩子忙忙碌碌。

人自然與一般動物不同，但生活依然是第一位的。因為要生活，所以才生產。人都成了神仙，不食人間香火。那麼一切耕地，都將回歸自然。何況即使是神仙，也要吃飯，也要生活，尤其中國的神仙，王母娘娘年年舉辦蟠桃會，玉皇大帝一樣喝美酒，品瓊漿。

從生活到生產，可以使生活日益豐富多彩。人與其他動物的區別也在這裏。動物的生存，是為生存而生存，生存是它本能，它們要求生存，不求發展。老虎既是肉食動物，它便只管吃肉，沒有肉吃，便餓肚皮，長時間沒有肉吃，只好坐以待斃。它不會說，深山老林，什麼沒有，沒有肉吃，吃人參好了，沒有人參吃松仁好了，沒有松仁吃猴頭菇好了。

　　草食動物只是吃植物，肉食動物只是吃肉食，這決定了它們永遠難以成為高級動物，而很容易成為自然或文明的犧牲品。人類則不然。從生活到生產，人的追求是不斷升級的，人永遠不會滿足。靚妹們不會滿足自己的美麗，帥哥也不會滿足於自己的消費，兒童永遠不會滿足自己的玩具，老人們也永遠不會滿足於自己的晚年生活。

　　一個孩子，父母已經給他買了 100 件玩具了，他一定還會要第 101 件。傳統的中國人，會埋怨孩子喜新厭舊，大人之間還要彼此交流，說無限制地給孩子們買玩具，是嬌慣孩子，養不成孩子的種種優良品格。其實，永不滿足，本身就是特別優良的品格，不但小孩如此，大人尤其如此。一個玩車族，他可以對汽車產生永久的滿足感嗎？如果有那麼一種車，讓他永遠滿足了，這人一定不是真正的玩家。

　　一個喜歡集郵的人，你不能說你已經買了 10000 張郵票，你應該滿足了，就此打住吧！就此打住的不是真正的集郵家，集郵家是一生一世不會停止集郵的，等他的靈魂到了天堂，他的第一句話，就是問天堂的守門人，請問，這裏有郵票嗎？

　　人類喜新厭舊，在生活中最有體驗。那種固守一種生活方式永不求變的作風，即使不是最壞的生活方式，也是最壞的生活方式之一。

　　偏中國的傳統文化，最慣於不恰當地提倡勤儉。一間老屋，住了 50 年，也不翻修，住了 100 年還不翻修；只要房子不倒，堅決不翻修。一件皮袍子，穿了 10 年也不換，穿了 20 年也不換，皮袍子都沒了毛了，還當皮袍子穿著呢！守舊的生活方式，若是生活所迫，就該請教革命；若非生活所迫，就是進入了誤區。

　　中國歷史悠久，但變化不大，一提就是秦磚漢瓦，再說還是秦磚漢瓦。秦代距離現在多少年了，2000 多年了，漢代距離現在多

少年了，也有 2000 年了。2000 年都過去了，你還是秦磚，還是漢瓦，這不是光榮，而是恥辱。要說光榮，也是我們先人的光榮，歷史的光榮，而不是現代的光榮，不是我們這些活人的光榮。

生活是動力，生產是滿足這種動力的手段。生活目標不斷提高，生產手段不斷改進。比如這些年，我們大陸中國人，開始體會到注重生活品味的好處了。

手機更新換代，電視越來越大，衣服越穿越新潮，房子越住越舒適。然而，我們要說，這個還不夠呢！還有那麼多窮人哩！手機雙向收費還很不合理哩！電視還有降價空間哩！中國還缺少一流的世界級服裝設計師哩！住房還剛剛進入小康水平哩！

由生活到生產，猶如一江春水向東流，總有風光在前頭。反之，從生產到生活，為了生產而生活，無異於進入了死胡同。這種情況，在計劃經濟體制下，表現得最充分，最典型。

回顧往事，令人憂傷。計劃體制，只講生產，不講生活，或者多講生產，少講生活。所謂先治破，後治富；所謂抓革命，促生產；所謂大河水多小河滿，其結果，是造成六大傷害，至少六大傷害。

第一傷害，只講生產，不講生活，使生產失去原動力。不論中國還是外國，凡實行計劃經濟體制的，結果都成了短缺經濟。社會主義，最強調生產，然而，具有創新意味的是，最強調生產的地方，產品還最短缺。產品已然短缺，日用品尤其短缺。80 年代以後出生的年輕人，對此，體會少了。生活在五六十年代的人，對此印象尤深。凡吃的、喝的、住的、用的，沒有不短缺的。因為短缺，便發票證，而票證越多，證明實物越少，甚至連飯都吃不飽了，豆腐成稀罕之物了，很多人已經十年沒聞見過香油的味道了，更甭說北京烤鴨、德州扒雞、金華火腿和山西狗肉了。北京的烤鴨店雖然比之既往大了不少，朱總司令也去品嚐過的，但你一個老百姓，想去烤鴨店，你有錢嗎？有足夠的糧票嗎？不是說連吃一頓烤鴨的糧票

都沒有了，而是說，因為您平時就餓怕了，一上薄餅，您張嘴就吃二斤，不是要當家人的命嗎？計劃經濟雖然理論高尚，但效果極壞，其中一個原因，是它只有遠大的理想，忘記了人們賴以生存的日常生活。

第二傷害，只講數量，忘了品質。市場經濟，因為是買方市場，所以非追求品質，不能生存。品質好，才能銷路好，銷路好，才能周轉快。所以市場經濟，不求精品，亦出精品。然而為了賺取更大的效益，又怎麼能不追求精品呢？不但求精品，而且要名牌。美國的一個可口可樂，值多少錢，單這一個品牌，就有幾百億價值。中國傳統產品中，也有不少老字型大小，然而，一旦進入計劃經濟，便秀才碰上兵，有理說不清。不是你沒理，而是你沒槍。其結果，是把許多傳統結晶的搞壞、搞少、甚至搞無。計劃經濟，充其量只有大路貨，傻、大、黑、粗，能用就行了，能有就不錯了，冬天能生上火，夏天能喝上茶，一日三餐能吃上飯，晚上能蓋上被，你就念佛去吧。念佛都不行，去喊毛主席萬歲吧！否則，無產階級專政一不高興，說不定有什麼小帽子扣在你頭上，讓你一輩子翻不了身，連兒子、女兒都要當狗崽子的。最好最好，當一個「可以教育好的子女」。「可以教育好的子女」這是什麼語言，放在誰的頭上都是侮辱人格，但在那樣的時代，還算是吾皇萬歲，法外開恩哩！

第三傷害，只求生產，忘了科學。因為計劃經濟屬於短缺經濟，有點什麼都是好的，什麼產品性能，更新換代，什麼與世界接軌，追上世界技術發展的潮流，全是廢話。能夠湊合著用，湊合著夠用，就很好很好。能夠仿製，就萬事大吉。什麼專利，什麼知識產權，屁。所以，先生產，後生活，不但於市場不利，而且於科學不利。雖然在那種特定的條件下，個別部門也有很快的發展，如研製原子彈、氫彈等，但從總體水平上看，是科學的灰色年代，甚至是黑色年代。絕不是科學的春天，而是科學的秋天——秋風掃落葉，科學

的冬天──風雪兩茫茫。社會的進步，只憑兩顆原子彈解決不了問
題。蘇聯的原子彈，可謂多矣，核彈頭可謂大矣，第二產業可謂強
矣，然而，不濟事──一風吹至，聯盟解體。科學是生產的翅膀，
沒有一副好的翅膀，您這只鳥──無論是大鳥還是小鳥，只會蹦，
不會飛。就算您的奔跑速度和駝鳥一樣，您想飛上藍天，也是妄想。

第四傷害，平均主義，培養懶漢。只講生產，不講生活，在分
配形式上極易形成大鍋飯。反正是為了革命，吃好吃壞全一樣。平
均主義，弊病很多，其中一大弊端，是喊著最漂亮的口號，培養的
卻不是閒漢就是懶漢。據說現在一些發達國家或地區的企業，對中
國人印象不佳，以至於有的企業的管理者，看見工人表現不好，就
批評他們說，不要學中國人。中國人真的那麼懶嗎？看看歷史，中
華民族即使不是最勤快的，也是最勤快的民族之一。即使不是最
勤勞的，也是最勤勞的民族之一。現在的壞名聲，皆與大鍋飯相
關。反正是大鍋飯，出十分力也是大鍋飯，出一分力也是大鍋飯。
只靠著所謂政治覺悟而提高的生產力，是一種浮腫病，表面上看
起來，光光亮亮，骨子裏是有細症候的，若非腹髒積水，亦是腎
臟發炎。

第五傷害，只為生產，沒了個性。人是最有個性的動物。10000
隻兔子的差異，也比不過兩個人之間的差異。即使最古老的猛獸，
也一定沒有魯智深、石秀、武松、李逵、阮小七那樣的個性區分，
即使最古老的鸚鵡群，也不如最蹩腳的歌唱家噪音差別之大。然
而，只講生產，沒了你講個性的份。一生都在計劃之中，而且口口
聲聲是革命需要，組織安排，你敢不聽，你不聽就是反組織，反組
織就是反黨，反黨就是反革命。結果能當歌唱家的讓他當了爐前
工，能當爐前工的讓他去插了隊，能當農民的讓他去當了兵，能當
兵的讓他去當了工宣隊。七差八差，亂七八糟。中國極左時代，差
不多沒有產生一位像樣的文學家、藝術家，或者科學家，當然也不

會產生真正的社會活動家和革命家。個性都沒有，還談什麼家，而且人家也不讓你談家。沒有個性的人群，必是灰朦朦的人群，而沒有個性的社會，更是灰朦朦的社會。雖然標語是紅的，卻又紅的單調，紅的寂寞。

第六傷害，官商作風，不懂服務。說不懂服務，有人聽了不舒服，說誰不懂服務，我連「老三篇」都會背。可那管什麼用？會背老三篇，沒有服務精神，缺少服務修養，一派官商作風，一樣可憎，一樣可厭，一樣可怕。肯定生活的首要地位，並非不講生產，拒絕革命。實際上，沒有生產，生活水平怎麼提高。現代社會，不但講生產，還要講流通；不但講生產，還要講提高生產效率，提高生產質量，降低體力消耗；還要講環保、講數量、講性能。現代生產實在是一個重大的系統工程，沒有必要的知識，弄不懂它，沒有足夠的能力駕馭不了它，沒有創新精神不能適應它。然而，生活的首要地位，不容變更，無論多麼複雜多麼令人瞠目的生產流通方式的後面，都體現著生活的活力與激情。

更不能拒絕革命，中國大陸的改革開放，其實也是一種具有歷史意義的革命。革命未必與炮火硝煙為伴，革命的本質在於改變歷史的原有狀況與性能。對我們中國而言，就是變農業國家為工業國，變小農經濟基礎為現代產業基礎，變傳統文化為現代文化，變歷史文明為現代文明。革命不是空想想出來的，革命自有內在的動力，其深層次也與生活方式因果相關。生活、生產與革命之間的關係，相對於歷史演進而言，具有長線，中線與短線之別，又有常態與異態之分。

馬克思主義的一個基礎原理，即認為生產力的發展決定生產關係，經濟基礎決定上層建築。反言之，生產關係必須適應生產力的發展水平，才能鞏固，也才有利於生產力的發展。那麼，生產力就屬於長線，生產關係就屬於中線，上層建築就屬於短線。長線的發

展，顯然屬於原動力狀態，沒有長線的發展，中線的超前一定帶來破壞，短線的超前，只能是空想。

法國當代史學家布羅代爾對歷史的發展動力，有三個層次或三個時段之分。三個層次即結構，局勢和事件。三個時度即長時度、中時度和短時度。什麼是長時度，即結構因素，主要是指地理、氣候、動植物和文化等，長時間起作用的因素。什麼是中時度，即局勢因素，主要是指人口、經濟週期、價格等在較長時度內起作用的因素。那麼什麼是短時度，即短時期起作用的因素，主要是指政治事件。這種史學方法無疑是一種巨大的歷史進步。

傳統的史學最重視對政治人物與政治事件的研究，比如中國的24 史和《資治通鑑》，在一定意義上講，它們實際上就是一部政治人物史，政治事件史。雖然也有年表，也有制度，也有天文，也有地理，也有經濟，但那都不是最主要的，而且那都是為人服務、為事件服務的。

布羅代爾的主要著作在中國大陸幾乎全有了譯本，而且影響還日深日大。之所以如此，因為它確實很有價值，對於中國思想界而言，也確實很值得借鑑。

當然，長、中、短的內容會變的。比如地理條件，在歷史的某一階段，會具有相當重要甚至決定性的意義。比如人類的誕生就需要嚴格的地理氣候條件，沒這地理與氣候條件的地方，儘管你日後可能成為新文明的發源地，卻不能誕生人類。又比如，大陸國家與島國的歷史命運又有不同，中國和日本的歷史命運就不同，歐洲大陸與英國的命運也不同，造成這種不同命運的因素很多，但地理因素無疑是一個帶有決定性的主要因素。

但隨著科學和人類文明的發展，一些歷史上曾經起著決定性作用的因素會發生性質的改變，因為科學發達了，它的作用減弱了，比如一些交通很不方便很難打通的地區，其發展是滯後的，但有了

航空、鐵路運輸，這種情況便隨之發生變化。而一些自然環境十分艱苦的地區，一旦發現石油等資源，也會很快改變原有的面貌。但是，長線、中線和短線總是存在的。以生活、生產、革命為例，生活屬於長線，生產屬於中線，革命屬於短線。

比如秦始皇是中國歷史首屈一指的重要政治人物，然而他的作用遠遠比不過小農生產方式。「萬里長城今猶在，不見當年秦始皇。」秦始皇沒了，他的王國沒了，但只消小農經濟基礎在，沒了秦始皇，來了漢武帝；沒了漢武帝，來了唐太宗；沒了唐太宗，來了忽必烈；沒了忽必烈，來了朱元璋。

小農經濟固然重要，小農生產方式還要重要。這種生活方式的改變，其實是更深層意義上的文化改變。所以有人說，美國文明是建立在抽水馬桶和汽車輪子上的。

生活方式不變，縱然打著現代化的旗號，賣的還是傳統文化的「狗肉」。而生活方式的變化正是一個系統工程。生活又具有常態性質，革命則屬於異態性質。我們不能用處理異態性質的方法對待常態事物，正如不能用「斷指效應」處理中國的現代化一樣。雖然戰爭年代的中國，特別需要「斷指效應」，但今天的中國，斷指效應理應叫停，「水桶效應」正當其時矣。對兩個效應有興趣的讀者，可參看拙著《猛醒的中國》，此建議不免王婆賣瓜之嫌，請勿見笑為盼。

從經濟學的角度理解，強調生活的重要地位，有利於刺激消費。而刺激消費更有利於生活的提高，有利於社會經濟的健康發展。

刺激消費的原因是生產過剩，而生產過剩的歷史是自資本主義時代特別是大工業時代之後才發生的。18 世紀工業革命之前，只聽說過短缺，沒聽說過過剩。然而，過剩也是一種貧困，又是一種危機。過剩的產品你賣不出去，賣不出去就帶來經濟蕭條，經濟蕭條又引發一系列社會問題。於是，凱恩斯根據自己的經濟學立場，

提出擴大消費的主張，而羅斯福總統的新政也不謀而合地實現了這個主張。

刺激消費的前提也是生產過剩。如果生產不過剩，消費就無須刺激，不刺激他還吃不飽哩！你再讓他減肥，他更吃不飽啦。其實，那個時候的胖子也不多，原本減肥也不可能成為時髦的用語。比如中國古來的民間問候語，見面就說「您吃了嗎？」最好的讚語，是：「您發福了。」發胖稱為發福，可見雖有胖人，比例也不高。

因為生產過剩了，商品雖好，沒人買。那麼怎麼辦呢？給消費者增加收入，提高他的購買力，或者給他們長工資，或者給他們加福利，或者給他提供方便便捷的貨款，或者給他們提供多種多樣的服務。其意若曰：萬事俱備，只等消費。好像中國現在的房地產商，房子蓋好了，樣板間準備了，甚至給您貼上瓷磚了，安上空調了，建好花園了，創建學校了，連車位、超市、鐘點工、社區醫院都準備好了，就等您老先生大駕光臨了。

刺激消費，招招式式離不開生活。離開生活，你刺激誰呢？但中國大陸的集團購買和公款消費常常成為某種市場的主角，這是不正常的，畸形的，屬於異態文化甚至變態文化，最終也是不能長久的。此是後話，另題再議。

刺激消費，本主還是生活。生活是生的第一選擇，此事此義無可懷疑。

3.多樣性是生的第一要義

多樣性是生活的品性，是生命的品性，一句話，是生的品性。離開多樣性，生將歸於枯燥，一切都索然無味。比如天下人都是一種模樣，張三如同李四，李四如同王五，無高無短，無胖無瘦，無

黑無白，無大無小，無智無愚，這世界就醜死了。不是因醜而醜，而是絕對的單純乃是天底下第一醜態。

比如天下人都用一種方式思維，一人向東，全體皆東，一人向西，全體皆西；一人要肥，全體皆胖；一人要死，集體自殺。這世界同樣醜死了，實在思維的單一，是天底下最醜陋的事物之一。

多樣性乃是人的本性，生命的本性，生活的本性。不論多好的東西，單調了，就會變壞。山珍雖好，不能日日吃，海味雖貴，亦不能天天嘗。倘若頓頓都是猴頭菇，怕一見猴頭兩字，兩腿就會發軟；如果日日都是魚翅，又恐怕一聽魚字，就覺得噁心。

世間人，無不如此，世間事，亦複如此。一個革命家，不能睜眼也是革命，閉眼也是革命，否則，革命固然革命，已然全無人性，革命到最後，革命也會厭棄他的。

一位詩人，不能睜眼也是詩，閉眼也是詩。論中國的詩人之大，李白、杜甫首屈一指。且說李白，除去作詩，還要飲酒，除去飲酒，還要遊山，除去遊山，還要親習道教，除去親習道教，還要精通武藝，那才是活生生的李白，才寫得出〈蜀道難〉，才唱得出〈梁甫吟〉，才有游仙之美名，才有楊貴妃捧酒，高力士穿靴之佳話。

杜甫人稱詩聖，因為他忠心皇家，以儒生自命。但他同樣好酒，自己好酒不算，還為別人作歌；同樣喜遊山玩水，但更關心貧苦人的疾苦。他功利心熱，詩心也熱，知圖畫，懂劍術，唯此數心合一，才有「三吏」、「三別」，才寫得出那些談才藝的詩篇，才有為天下寒士論吶喊的仁者之聲。

軍人最講整齊一致，認定執行命令乃軍人的天職。然而，軍中生活又是最多姿多彩的，戰爭風雲更塑造了無數獨具個性的人物。這些人物或激昂、或幽默、或有些刁鑽古怪，或有些喜怒無常，或情愛如綿，或急風似雨，或古道熱腸，或冷若冰霜，或一生剛毅，又不忘兒女情長；或愛兵如子，卻又令下如山；或好怒，一怒便如

雷霆驟至；或好悲，雖殺人如麻卻常常淚水漣漣；或長袖善舞，知音知樂；或一劍當關，萬夫莫敵；或高吟詩篇，不讓學士；或美文美字，筆筆千鈞；或安步當車，有條不紊；或馳騁萬里，咆哮如電；或運籌帷幄之中，決勝千里之外；或身先士卒，動輒大戰三百合；或衣冠楚楚，雖直面死亡亦不忘結纓；或赤膊上陣，雖勇猛又不失智慧；或豪、或威、或狂、或勇、或智，或仁，或義，或信，或有風派，或有雷派，或風雪交加，或涇渭分明，一言以蔽之，將軍若無個性，征戰必無特色，士卒若無特色，軍隊必無活力。軍人尚且如此，他者不言而喻。

生的多樣性，表現在方方面面，要而言之，可以歸納為 5 個基本局面。

第一，生活方式多樣性。生活方式，未可劃一，個人選擇，首選自由。但這和中國傳統文化不合。中國傳統文化，尤其是儒學文化，對於生活干涉太多，對於男性生活的干涉，已經令人舉步維艱，對女性生活的干涉，堪稱禮教監獄。女人有四德，德、言、容、工。四德其實不德，說它不德是因為這些規定，把人繁瑣死了。但還不能違背它，稍有違背，便有人說你，批評你，指責你，懲罰你，唯有服服貼貼，才是好女兒，好妻子，好母親，好女性。

睡覺要有睡姿，站立要有站姿，言要有言姿，笑要有笑姿。學習也不好，所謂「女子無才便是德」。書是不能讀的，想都不能想，一想就是犯罪；三點裝更不能穿了，露點什麼都是淫態。罵人便成潑婦，打人更是潑婦，加上一頭長髮，兩隻小腳，還要左一個賢德，右一個賢德，賢德多得如同臭肉，使覺悟者目不忍見，使現代人耳不忍聞。生活不能這樣，現代人要成為藍天上的鳥，要成為大海中的魚，生活豐富多彩，才能「海闊憑魚游，天高任鳥飛。」

生活的多樣性要配以自由的心態，浪漫的情懷。你喜歡吃美國牛排，他喜歡吃北京涮羊肉，悉聽尊便；你喜歡吃肯德基，他喜歡

吃榮華雞，沒有必要揚此雞貶彼雞；你喜歡漢堡包，他喜歡小魚貼餅子，儘管你吃你的，他吃他的；你喜歡西餐大菜，要的就是銀盤燦爛，金璧輝煌；他喜歡滿漢全席，要的就是中華獨有，原汁原味。你喜歡喝雞尾酒，他喜歡喝五糧液，高興聚時相互乾杯，不高興聚時儘管各得其趣。

吃如此，玩亦如是。西班牙人喜愛鬥牛，中國人——至少相當的中國人看著有點殘忍，但人家有這愛好，也不關你事，將來你也有了這愛好，完全可以去西班牙刺激一回。中國人也玩鬥牛，但不是人與牛鬥，而是牛與牛鬥，鬥爭雖然激烈，不以死作代價。中國文化傳統，不但鬥牛（或該稱作牛鬥），而且鬥狗，不但鬥狗，而且鬥雞，不但鬥雞，而且鬥蟋蟀。蟋蟀雖小，鬥性卻大，不但名目繁多，而且講究出身，講究形象。現代人有了發展，乾脆分級而鬥，那狀況如同西方拳擊手按重量分級比賽一般。

生活有多種風格，個人有各種愛好。喜歡書法的，未必喜歡攝影，喜歡芭蕾的未必喜歡京劇，喜歡民歌的未必喜愛搖滾，喜愛牛仔裝的未必喜愛旗袍，喜愛中國園林的未必愛摩天大樓，喜愛四合院的未必喜愛花園洋房。然而，這都沒關係的。

生活既有多種風格，便可任你選擇。只是最好不要抬高自己，貶低別人。你不喜歡就不喜歡好了，別人喜愛，甚至愛的要命，自有人家的權力。比如對文學作品，你愛讀王朔，喜歡的就是那種痞味，人家不喜歡王朔，就喜愛余秋雨，不過是個人有個人的選擇罷了。犯不上因為別人喜歡王朔就罵人家沒品位，或者因為人家喜歡余秋雨，就說這是喜歡文化口紅。當然，可以批評，但要寬容，批評使人多知多懂，寬容使人心曠神怡。

生活的多樣性，並不與開放性相矛盾。相反，因為多樣，必定開放，唯有單調，才會封閉。換個方式說，喜歡中國民族風格的，也可以喜歡西方氣派；喜歡四合院的，也可以喜歡花園洋房；喜歡

旗袍的，也可以喜歡牛仔服；喜歡中國書法的，也可以喜歡攝影；喜歡芭蕾的，也可以喜歡京劇；喜歡豆汁的，也可以喜歡可口可樂；喜歡曹雪芹的，也可以喜歡卡夫卡，喜歡勞倫斯；喜歡貝克特的，也可以喜歡高行健。生活如此多彩，切勿視而不見。享受多樣性生活，人類何等幸福。

第二，職業多樣性。對職業多樣性的選擇前提，是確立一種正確的擇業觀念：職業無貴賤。有了這樣的認識前提，才有擇業的自由心態和自由興趣。

中國的傳統文化，人有貴賤之分，職業也有貴賤之分。──這樣說都不準確，因為，在中國儒學時代，連職業這個詞都沒有，那時候區別身份的是官與民。然而官與官又有大區別，民與民也有貴賤不同。古之四民，即士、農、工、商。雖名為四民，士的地位最高，士可以入仕，說不定哪一天鯉魚躍龍門，就成了官兒。在中國儒學時代，當官還了得，一個七品芝麻官都是民之父母，更莫說一品二品的高官乎，更何況皇親國戚乎？農的地位就差了，農民農民，小民而已。工的地位也不行，商人的地位還要低，一句無商不奸已然把商人放在賤人的地位上，加上重農抑商政策，更把中國商人壓得喘不過氣來。我在某個地方說過，中國的傳統商人，乃是最倒楣的一個階層，士人欺壓他，農民看不起他，強盜還要特別「關照」他。中國商人雖有百般精明，千般頭腦，到頭來若不落個身敗名裂，也會弄成一貧如洗。

因為士人可入仕，入仕便是當官，而一人升官，雞犬升天。所以，古來中國人的出路，其實只有入仕一條路，這條路在戰亂期間，還可寬鬆些，在和平時期，幾乎沒有多少希望。漢代舉孝廉，沒點權勢的家族，恐怕就是曾參一樣的孝子也輪不到你。魏晉實行九品官中正法，不是豪族更沒出路。後來總算有了科舉制，給了讀書人

一個相對公平的入仕機會。科舉制對於古代中國人而言，確實曾是一個大大的福音。

雖然有了這樣的機會，卻又如千軍萬馬上獨木橋，因為只有這樣一種機會──我們況且把它認為是一種職業罷。在這個職業中，拼死奮勇的有數千人數萬人，在那裏前擠後擁，左衝右突，最後成功的還是少數人。而這少數人，一旦入了仕途，種種矛盾，種種傾軋，卻又接踵而至。

柏楊先生曾批評中國人窩裏鬥，說一個中國人是條龍，三個中國人便成了一條蟲，一個日本人是條蟲，三個日本人就成了一條龍。

中國人為什麼非窩裏鬥不可，首要的原因是和小農經濟有關，但也和這種千軍萬馬過獨木橋的入仕體制有關。打個不雅的比方，比如有 100 條狗，每條狗都有骨頭吃，它們還打架嗎？但不是 100 條狗，而是 1000 條狗，卻只有 2 根骨頭，你儘管對著狗們高唱佛號，頌慈悲經，頌寬恕經，頌萬物皆空經，全是白廢，它眼都餓藍了，不相互廝殺，怎麼活呢？

所以，看中國古代歷史，種種內部爭鬥，可謂無所不用其極，可謂機關算盡，可謂血雨腥風。大臣與大臣鬥，皇后與貴妃鬥，太監與官僚鬥，地方官與京官鬥，文臣與武將鬥，文臣武將內部還要各自與各自鬥，官與吏鬥，吏與吏鬥，民與民鬥，土豪與劣紳鬥，山大王與官兵鬥，妻與妾鬥，妾與女兒鬥，兒子與兒子鬥，謫親與庶親鬥，只鬥得頭破血流，天昏地黑，有時一方登天，一方入地，也有時鷸蚌相爭，兩敗俱傷。魯迅先生讀中國歷史，讀來讀去，讀出吃人二字。

現代人讀中國歷史，讀來讀去，讀得心涼如鐵，脊背生寒。我們不明白，我們的祖先為什麼這樣；而且在這樣的態勢下，居然還會講仁義道德，還愛講忠孝兩全。這種文化遺風，即使在辛亥革命以後，也沒有止息。國民黨不去說它了，國民黨打不過共產黨，除

去種種原因之外，它還敗在窩裏鬥上。可惜，到了計劃經濟時期，這問題不但沒有解決，還有變本加利之勢。這裏只舉一種現象，這現象既是一種思維和行為方式，也可以看作是一種文化語言現象。

在過去以及現在，中國大陸人，常常有專門深入群眾，依靠群眾，聯繫群眾這樣的說法。深入群眾，不能算個壞詞，但既然講深入群眾，一定是高於群眾的人才有這資格。否則，如筆者一樣的，本來就是個群眾，你還講深入群眾，不是思維混亂嗎？依靠群眾，自然也不能是群眾，好比靠著沙發的不能是沙發本身，而是坐沙發的人。還有聯繫群眾，也說明聯繫者脫離了群眾身份，是脫離了群眾的人，凡中國人都明白，這種人即使還不是官，也已經帶有了幾分官氣，幾分官性。

又講把自己視同普通老百姓，或者說把自己放在普通公民的位置上。這說法，尤其沒有邏輯。把自己視同老百姓，就說明你不是老百姓。比如你是個人，你還能說把自己視同於人嗎？把自己放在普通公民的位置上，更可笑。公民本無區別，──凡公民都享有平等權力和平等地位，而你竟然想出所謂普通公民的話，就已先把自己當成特殊公民了。特殊公民，不是公民，若不是公民中的另類，也是公民中的異物。還硬把自己放在普通公民的位置上，大言不慚，令人無言以對。

過去還有：「先當學生，再當先生」的說法，同樣不像話。先當學生，說明你不是學生，後當先生，誰預先給了你這資格。這種腔調，醜陋煞人。

可悲可歎的是，我們大陸中國人直到今天，對於「官」還缺乏一種現代化的理解。很多人嘴上不說當官，心裏總想當官，以為當了官才能有權，有了權才能特殊，才能高人一等，才能要吃有吃，要喝有喝，甚至想吃什麼，就吃什麼，想喝什麼就喝什麼，以至想幹什麼就幹什麼。

這種思想究其根源，還在於官本位在作祟。為什麼中國大陸的官本位還在作祟，對不起，這問題，屬於機密，本人暫且不說。因為不能平等看待各種職業，所以常常形成各種潮流。一時間，認為這種職業好了，於是蜂湧而至；一時間認為那種職業好了，又是蜂湧而至。

70年代末，「文革」既已結束，文學作品雲集，文學創作成為最紅的職業，給人的印象，一旦成為作家，可謂又有名，又有位，又有錢。那個時候，最闊的大陸中國人，不是政府官員，不是企業領導，不是藝術家，更不是工人、農民，而是作家。因為作家有稿費，所以郭繼若先生的工資固然不是很高，但他稿費地大大的有。雖然當作家並非只為了錢，但那種潮水般地向文壇湧去的現象，如今回想起來，有些面紅耳赤，又有些心驚肉跳。

以後，作家這職業不吃香了，發作品既不易，賺稿費也不多。過去一篇文章天下知，現在寫8年，若不被影視界看上，連個小名都混不上，更別說成其大名了。於是掉頭而去，撲向經濟領域。何以致此？因為改革開放的一大後果，是出了一大批款爺，或者說出了一大批大款，而當個大款著實風光。所以工商管理成了熱門的專業。美國的MBA風光於世界，於是，中國的MBA至少在青年學子心中已經充滿了機遇。而這種大潮一起，龍虎為之變色的形勢，對於很多擇業者來說，不是一個福音，而是一個悲劇，縱然不是一個大的悲劇，也是一個小的悲劇。

為什麼說它是個悲劇，因為它強迫你或者你周圍的人，特別是你最親的人，強迫你放棄你心中的至愛。你愛學文，他偏讓你學理；你愛學工，偏讓你學外語；你喜歡藝術，偏讓你學電腦。凡此種種，都不合職業多樣性原則。職業沒有高低貴賤之分，所有的只是適合或不適合你。

西方人評價婚姻時，有一句名言，婚姻如鞋子，舒適與否只有穿的人才知道。職業如婚姻，舒適不舒適，你問別人，別人怎麼知

道，你問上帝，上帝對你笑。適合你的崗位，就是好崗位，不管別人怎麼說，你幹去吧！然而，沒有嘗試過的崗位，我怎麼知道它適合不適合我？那就看你的興趣了，看你的感覺了，看你的願望了。

比如婚姻，你看到一個美人，真是愛死她了，但她未跟你結婚，也沒跟你同居，連接吻甚至連飛眼都沒給你一個，你怎麼知道她適合不適合你。但你喜愛她，喜愛得望穿秋水，夜不成寐，顛來倒去，輾轉反側，你就不能去追求她嗎？

適合你的職業，可能 1000 人中，有 999 人反對，但是不要緊，除去那 999，不是還有一個你呢嗎？愛職業如同愛情人，中國古語說的好，情人眼裏出西施。對終生選定的職業，萬勿猶豫，切勿徬徨，面對這職業如同面對地獄，是勇敢者，便面不改色，走將過去。職業之路如同愛情之路，「妹妹，你大膽地朝前走哇。」然而，職業又是可以更換的。所謂人挪活，樹挪死。變更職業是一種歷練。

傳統行業中人，一入此門中，永世不得出。比如你進了武林中門，要想出去，是很難很難的。入門還要入派，入派便要忠於自己的門派，否則便有欺師滅祖之嫌。

比如你當了泥瓦匠，再想去學木匠，那麼，原來的師傅會大為不滿。原先的師傅既然大為不滿，後來的師傅也不會收你──擔心收你把祖宗的規矩壞了。

現代人就不一樣了，高校中有雙學位，一個學位不足，可以學第二個，第二個不足，還可以考研。原來是學理的，後來可以學工，原來學工，後來可以學文、學醫、學理，只要你有能力，又合程式，沒有什麼不可學的。

美國前總統雷根，原來是位電影演員，後來進入電影工會，再後來當了州長，再以後當了總統。雷根的前任卡特，總統不當了，去當和平大使，而且本人酷愛木匠，木匠活幹得有板有眼，彷彿比當總統都快活。

　　一個人換換工作，是件好事，那意思，馬克思同意，歐文同意，凱恩斯同意，魯迅也同意。

　　魯迅先生本人，學過礦，學過醫，學過日文，但後來成了文學家，進入文學的領域，既寫小說又寫雜文，先寫小說，後寫雜文，新體詩也寫，舊體詩也寫，雅興來時，還寫過駢體文哩！

　　換工作也是為了尋找更適合自己的工作崗位，這當中當然包括提高待遇的意思在內。同是一個工作，這個地方給 1000 元，那個地方給 10000 元，對不起，本人雖然智商不高，一定告別 1000，投奔 10000，不是要作錢的奴隸，而是夫子教導，待價而沽。

　　換崗位為著發揮自己更大的潛能，所謂人往高處走，水往低處流。譬如演戲，彼時只演小角色，不過是二流子、下三濫之類，想當主角，人家不肯。後來千辛萬苦，有了機會，此處可演大角色，那麼彼處雖有親朋，可以暫別；雖有高樓，可以不住；雖有地方風味，可以不吃；雖有疼你愛你之人，可以暫忍一時之痛。水既往低處流，就不分溝壑澗灘；人既往高處走，又何懼困苦艱難。

　　中國傳統的擇業觀，只能在民的範圍內考慮。官是要考的，考官也是一種業，卻是特殊的業。平民不能妄想當官，無論平民還是官僚都不能想著當皇帝，只要有那麼一閃念，便是罪惡。西方不是這樣，例如美國，一個人擇業可以考慮當總統，而且據說美國家長教育孩子的一句口頭禪，是說：你現在不好好努力，將來怎麼當總統！

　　總統人人可做，只要選民批准。未來的中國也應如此，那種把當官當成秘密，把當總統當成禁區，當成野心的觀念，不僅早已落伍，而且是與現代文明的發展潮流背道而馳的。

　　擇業亦有風險，選擇錯了，怎麼辦？很好辦。再回來也就是了。兔子不吃窩邊草，那是傷人之喻，自由擇業，又沒有傷害，也沒有影響誰。打狗不成，何妨再作馮婦；休閒無趣，何妨再披戰袍。邁

克爾·喬丹打籃球是聖手，打棒球是外行，後來重出江湖，又是一個三連冠。

更換職業，表示著一種追求，追求有成功，也有失敗。然而，不問成功失敗，只要自己不曾打敗自己，那職業也是打不敗人的。

凱撒有一句名言：我來了，我看見了，我勝利了。今人不如凱撒，並非比他不過，而是時代不同了，我們把這句改一改，改成：我來了，我看見了，我知道了。不是也很好嘛？何況，世間學問之大，永遠也不會有窮盡，無論那種職業，沒人有資格說已經盡知其中的奧秘。愛因斯坦對物理學全知全懂了嗎？凱恩斯對經濟學全知全懂了嗎？路易斯對短跑全知全懂了嗎？喬丹對籃球全知全懂了嗎？

職業之學，越是知得深，越會感到那奧妙的不可言說，而越是具有不可言說魅力的職業，才越表示了這職業的前途無量。我們無須追求全知全懂，能把自己這一段歷史寫得好些，就該滿意了。生活方式和職業選擇的多樣性之外，還有第三，信仰的多樣性；第四，國籍的多樣性；第五，文化的多樣性等等。

信仰多樣性，基本原則是信仰自由。可以是無神論，也可以是有神論，可以信基督教，可以信伊斯蘭教，可以信佛教，可以信道教，還可以信各種民間宗教。不但可以任意選擇某種宗教，而且可以自由選擇教派。信基督教的，可以信天主教，也可以信東正教，還可以信新教；信伊斯蘭教，可以選擇遜尼派，也可以選擇什葉派；信佛教的，可以信禪宗，可以信淨土宗，也可以信律宗，信密宗，信天臺宗，信三論宗；信道教的，可以選擇叢林道教，也可以選擇在家修行。

信仰自由，不能以我之心，度你之意，也不能只許自己自由，不准別人自由。任何打擊他人信仰者的行為，都屬於違法行為，違法者必究，正是法制文明的品性。信仰自由，也不能歧視別人，認

為只有自己的信仰高明。你是無神論，你不信神，只管不信好了，你沒有資格小看別人，說別人拜佛是愚昧，說別人讀經是浪費時間，說只有自己學習的內容才是真理，別人閱讀的全是不值一讀的文化垃圾。

老實說，無論有神論的經典，還是無神論的經典，既稱得起經典二字，都是屬於歷史文化的積澱者或集大成者。比如《金剛經》，雖然講的是禪宗道理，然而對無神論者也有啟發。因為它融會的不僅僅是禪學理念，而且融會了千年不衰的文化。筆者並非佛教信徒，但讀《金剛經》受益不少，而且認為《金剛經》正如諸多的歷史典籍一樣，其地位是不可替代的。

信仰多樣性，也表示信仰可以改變。昨天有這樣的信仰，不妨礙你明天有那樣的信仰。信仰堅定，自是一種美德，改變信仰，不能看作缺點。一些宗教大師，也是改變過信仰的，但這沒有妨礙他們成為本教的經典性人物。改變與不改變不代表人生本質，只要有真誠的選擇心在，選擇什麼，不選擇什麼，選擇了什麼又改變這選擇，其價值並無不同。

信仰的多樣性，當然也包括有多種信仰在。如許多日本人那樣的，他一生中可以信不少宗教，基督教也信，佛教也信，本民族的各種神祇他也信。其實我們中國人也有這樣的傳統，我們中的很多人，是禮拜堂也去，佛寺也去，道觀也去。見了菩薩也燒香，見了關公也叩頭，見了基督也禮拜，這原本沒有什麼，夫子說仁者愛人，連人都愛，把真情實感獻給神佛一部分有什麼不可以呢！

這裏說的國籍的多樣性，不是說人人可以有多種國籍，限於各國法律不同，有的國家國民有多重國籍，有的國家例如我們中國就不許一人多重國籍。這裏說的國籍的多樣性是說，人有選擇國籍的自由。

一個中國人，在美國住得久了，符合美國法律規定的條件，可以選擇美國國籍。一個美國人，愛上中國了，符合中國條件，也可

選擇中國國籍。但以傳統的中國人思維方式，對於選擇外國國籍，便有些不理解。明明中國人嘛，為什麼去當外國人，甚至認為全世界只有中國最好，只要你生在中國，就該永遠永遠是中國人。其實，這是偏見。

假設日本人永遠是日本人，既不許外國人來，也不許本國人走，這對日本文明有什麼好處呢？只喜歡外國人來本國，人家來了，入了自己國家的籍了，就高興，認為是本國本族文化有魅力。自己的同胞加入別的國籍，就不高興，認為那入別的國籍的人是忘本，是忘了自己炎黃子孫的身份，這是一種歧視文化。這文化沒邏輯。外國人來中國可以入籍，那麼中國人去外國也可入籍。外國人可以愛中國，中國人自然可以愛外國。無論什麼人，大家既然都屬於人類，就該有平等的權利，平等的義務和平等的責任，這個才算有邏輯。

以中國人加入外國籍而論，楊振寧是一位成功者，李政道也是一位成功者，我們應該為他們的成功而高興。而且實事求是地說，如果他們不是在美國那樣的環境中搞研究，他們不會那麼快甚至這一生都有可能拿不到諾貝爾獎。錢學森在美國也曾有很好的工作環境，但他選擇了回國。他雖然沒有得到諾貝爾獎金，但他依然是受到中國和全世界同行尊重的大科學家。

現代資訊發達了，交通發達了，世界有了地球村這樣的美稱。身為地球村的村民，原本就該四處走走看看，回家看看，去親人家看看，都是鄰里，互通有無。一些年輕人，會五六門外語，走大半個世界，那才「爽」哩！老夫沒有趕上這樣的風光，但我願意祝福新一代中國青年，願你們插上現代化的翅膀，在世界範圍內，自由來去，盡意翱翔。

文化的多樣性是說，無論哪個民族的人，都可以接受多種文化，都應該接受多種文化，都必須接受多種文化。可以接受多種文

化，因為文化又不是毒藥，就算是毒藥，也得研究啊！別說是毒藥，就是最令人痛恨的疾病，不是也得研究，或者說更需要研究嗎？愛滋病堪稱可怕，不研究行不行？瘋牛病同樣可恨，不研究行不行？

文化不是毒藥，不是毒草，不是疾病，文化代表的是一種傳統，一種資源，一種精神，一種風格。比如巴西的足球，美國的藍球，日本的相撲，韓國的跆拳道，都是非常有趣的體育運動。學習一點有什麼不好。中國的柔道在奧運會上不止一次奪得金牌，但柔道不是中國人的發明，那是地地道道的日本文化。中國的花樣滑冰，尤其雙人滑在世界上取得了耀眼的成績，花樣滑冰同樣不是中國的土產。雖然不是中國的土產，我們一樣可以欣賞它，一樣可以享受它，而且可以在那個領域取得成功。

有一種思維，認為只有輸出去才光榮，引進來就洩氣。造成這種思維的原因很多，此處不去管他。就事論事，就有些不合邏輯，占不住理。比如我看到《精品購物指南》上的一篇文章「美國標籤我們這個時代的痛」。文章說：

> 我們可愛的中國，她就像一個著名的球星，她的球衣、球鞋，她喝的飲料，都遍佈美國的標籤，只有那張永不改變的臉，才讓我們記起她是中國。法國的司法部長雅克・圖邦表示要向以英語占主導地位的互聯網這種「新形式的殖民主義」發動攻勢；義大利則有了一個新詞「Cocacolonizzare，」即 Cocacola 加 Cotoniye（殖民地）組成，提醒世人，莫被可口可樂淹沒。中國，你這個以傳統文化為傲的泱泱大國，是不是也到了反思的時候呢？[2]

---

[2] 2000 年 11 月 7 日《精品購物指南》A7 版。

　　文章號召中國人反思，反思可以反思，要點在反思什麼。文章講的一個事實，就是美國強大，美國製造的商品流行全世界，在法國引起注意，在中國也該引起注意。

　　美國強大，這是一個事實，這事實不是靠你有幾句豪言壯語就可以抹煞得了的。美國商品流行於全世界，也是事實，也不是靠一點反思就可以解決的。反思儘管反思，問題是反思之後，應該怎麼辦？反思之後，下定決心，改變國策，硬不讓美國進來，就像 50 年代、60 年代、70 年代中國大陸那種樣子，恐怕不行，何況那個時候，也不僅僅是我們封閉，還包括人家對我們的封鎖。

　　硬不讓進，恐怕不行。因為你還要出口，你不讓人家來，人家也不讓你去。現在中國的貿易出口，在國民經濟中是一個很大的份額，這幾年東亞發生金融風暴，中國的出口下降，那種影響，實在不好受。今年出口轉升，從上到下，都覺得舒了一口氣。舒一口氣，不是鬆一口氣，而應再接再勵，還要讓出口繼續擴大。

　　再說，硬不讓進，也不符合 WTO 的規定。中國為加入 WTO，努力了十幾年。十幾年時間，老了多少人，生了多少孩子，小學生已活上了大學，大學生已經成家立業，老先生已然退休，許多黑頭髮都變成了白頭髮。爭取入世，何其不易，如果因為我們自己的原因，出現閃失，這個責任如何向國民交待，如何向歷史交待，如何向未來交待！

　　不能不讓外國商品例如美國商品進入中國，它進來了，你還不能硬是不買，或者硬是不吃。魯迅先生主張拿來主義，拿來是主動行為，你不來我還去拿呢！中國人很久以來喜歡高爾基說的海燕精神，那海燕是怎麼說的──

　　讓暴風雨來的更猛烈些吧！
　　暴風雨尚且不怕，還怕幾樣洋貨嗎？

牛仔褲來了——穿好了；

麥當勞來了——吃好了；

花園洋房來了——住好了；

可口可樂來了——喝好了；

英語來了——說好了；

卡迪拉克來了——坐好了；

馬桶來了——拉好了；

波音 767 來了——飛好了！

「美國製造」走遍世界，因為它強大。對待強大的辦法，不是屈從，不是順從，不是嫉妒，也不是駝鳥戰術，乾脆把頭埋起，給你個眼不見心不煩。對付強者的辦法，是你強大，我也強大，——因為我今天不夠強大，所以我才要加倍努力。

就上述關係而言，其實作者也是外國文化的受益者之一。比如我引的這段話中，作者就把「我們可愛的中國」，比作「一個著名的球星」。要知道，球星這個詞，並非中國的土產，而且現代意義上的體育比賽，尤其球類比賽，差不多全是舶來品，包括中國人稱為國球的乒乓球也不是中國人的發明。中國人沒有發明乒乓球，但我們可以在這個領域領先全世界，正好說明文化的多樣性選擇，實在合情合理。

文章的題目叫作「美國標籤我們這個時代的痛」。其實，你痛什麼，這時代又痛什麼？痛心的後果，應該是奮發向上；痛心別人發達，就該向人家借鑒。應該接受多樣文化，因為不接受也不行。比如現代中國，我們所學所用，並非全是祖宗遺產。中國的文化傳統，學生上學主要學《四書》、《五經》；中國科學史，主要講天、算、農、醫。現在的中國學生還是這路學法嗎？不是！不是就對了！

中國學生現在學的數、理、化，那內容可以說全是來自國外。但真理屬於全世界，它歷來也沒有國界的。只要是真理，不但中國人要學，全世界都要學。正如古代中國人有「四大發明」，西方人不因為它來自中國就歧視它，或者硬是不用它。倒是我們自己有些對「四大發明」不住，使這些偉大的發明，在中國開花在外國結果。

又如醫學，中醫才是我們的傳統醫學，西醫全然是國外的傳來。但現代中國人一天也不能離開西醫，一天離開西醫就會死多少人，就會貽誤多少挽救生命的機會。

科學沒有國界，理性沒有國界，一切合理的東西都沒有國界，那種以為只有國貨才是好貨的觀點，早就應該拋到亂紙堆中去了。必須接受多種文化，因為不接受多種文化，就不能真正走向世界。順便說，走向世界這個詞，並不很科學。準確地表述，應該是相互交流。世界上本來就有中國一員，中國就在世界，為什麼還說走向世界呢？但那意思我們自己明白，走向世界，就是打開國門，與其他國家與民族充分交流。開放是雙向的多向的，我向你開放，你向我開放。開放應有準則，表現在經濟上，就是 WTO。

現在的世界，沒有任何一個國家，可以在封閉狀態下強大的。中國不行，古巴不行，俄羅斯不行，越南不行，阿拉伯國家不行，英國不行，法國不行，美國也不行。美國固然強大，如果中斷了一切外貿關係，美國經濟同樣會崩潰，甚至崩潰得更快。

當今世界，如果你從來沒有開放過，那麼，勉強活著，還可能做到。一旦開放過了，再想把門關上，已不可能。因為你的腳已延伸出去了，硬要關門，會夾住自己的腳。腳都夾住了。你再想載歌載舞，可就難了。

開放的世界，大家相互作生意。作生意還要本土化。美國來中國，非實行本土化不能成功，這一點，美國人很聰明，他們在中國招收員工，給中國員工以信任。中國人到國外去，也得走這條路。

　　一方面安行本土化戰略，一面又要充分學習人家的文化。比如過去有西方人看到中國人口多，說中國人的上衣加長一寸，那市場就不得了了。這話自然不錯，中國有 13 億人，每人衣服加一寸，就有 4300 萬米長。這個數字怎不驚人，但問題的關鍵在於，你憑什麼讓中國人的衣服加長一寸呢？

　　進入世界，瞭解世界文化，知道怎麼和人家交流，怎麼向人家轉達自己的想法，這是一種能力，也是一門藝術，可惜我們現在真正掌握這藝術的人還很有限。將來有一半中國人，能操外語，那才是國家的大幸。何況說，即使有一半人能操外語，也不見得就真懂異國文化了。

　　當今世界，國際性活動越來越多，比如維和部隊，你不懂英語，很難加入其中。中國泱泱大國，在聯合國，維和部隊裏應占一個重要的位置。但這個位置，直到今天，還基本上屬於空缺狀態。

　　還有體育比賽，最重要的賽事當然是奧運會，世界盃足球賽的意義也不算小。中國運動員要在國際上取得好成績，不瞭解國外動態不行。有些項目，不在國外參加訓練，或者不斷輸出或引進球員，提高都難。別的不說，只說裁判一項，要是不懂外語，中國人很難走上國際裁判的行列。即使懂了外語，如果你沒有其他文化知識，也依然很難與外國同行進行有效的交流。

　　當今世界，已進入多元文化共興共榮的時代，21 世紀既不會再是美國的世紀，也不會成為所謂的中國世紀，21 世紀將是世界多元文化相互交融與促進的世紀。我們生活在這世紀中，中國應當出幾個世界級的偉人，而這些偉人的生長基礎，還在於中國的開放與強大。

二、從健康到健美

——意義、內涵與價值

　　生的此在性表現，首先是活著，但活著與活著有不同。有人健康地活著，必有人健美地活著，也有人勉強活著，湊合著活著。

　　生的此在性的第一基礎，就是健康。唯有健康的生命，才能體現人的本質。

1.人生百事，健康為先

　　傳統文化，不這樣考慮問題。我在前面說到過，儒學傳統，人命是不等價的。為著皇帝的命，臣子可以捨棄自己的命，為著父親的命，兒子可以不要自己的命，為著丈夫的命，妻子應該放棄自己的命。曹操遇到危險，曹洪便說：「天下可無洪，不可無公。」李世民遇到危險，程咬金便捨命救主；宋江死前還拉著李逵，李逵心甘情願；漢元帝遇到危險，馮緩挺身而出，捨命搏虎，到後來，因為不討皇帝喜歡還是讓皇帝殺了。

　　生命如此，遑論健康？皇帝有點小病，馬上大驚小怪。臣子到了生死關頭，還要捨生忘死，因為你不是為自己活著的。中國的官，雖然也有致仕制度，但只要皇帝需要，你就該做到老，做到殘，做到死。

　　一方面，是健康價值有等級，另一方面，又拼命提倡為著忠，為著孝，為著義，以及為著不知道什麼東西而犧牲自己的身體。所

謂捨生取義，所謂慷慨赴死，所謂視死如歸，所謂人生自古誰無死，所謂鞠躬盡瘁，死而後已。鞠躬盡瘁，為誰鞠躬，為什麼盡瘁；死而後已，為誰人後已，為哪家後已。這種文化傳統，一直流傳下來，又化為種種新的說法。但很少有人對它提出批評，更少有人對它提出異議。因為這影響，或者還有點別的什麼因素，我們在相當長的時間內，為著點什麼有政治意義的東西，就敢犧牲人的健康，就願意犧牲人的健康，就推崇犧牲人的健康，就津津樂道犧牲人的健康。

饒是犧牲了人的健康，還美其名曰：大公無私，公而忘私，來個精神大發揮，說是當代的拼命三郎。譬如，為著提高生產數量，就不怕讓工人加班加點，甚至晝夜奮戰，白天在工地吃，晚上在工地睡，一天干十二個小時，十三個小時，十四個小時，甚至十五個小時。為著大煉鋼鐵，男女齊上陣，冷也不怕，熱也不怕，寒也不怕，暑也不怕，甚至死了人也不怕，傷了人更不怕。不僅不怕，還說傷的光榮，死的偉大。為著體育項目出成績，或者打敗某個對手，教練病了，也要帶病堅持，隊員傷了，也要帶傷參加比賽，所謂輕傷不下火線。對那種不顧身體後果的冒險行為，不但不加制止，不考慮保護，還要煽風點火，大加讚美。

一些女青年，在寒冷的天氣，不顧身體的特殊情況，硬往冷水裏跳，別人還要鼓勵她，誘導她，高喊一不怕苦，二不怕死。如此等等，造成多少終身遺憾，造成多少家庭悲劇。但沒有人問一問，這作法到底合乎人道否？也沒有人提一提，這作法到底值不值？

我們不曾發問，因為我們缺少一種有益的生命的哲學。我們中國人，自古以來敬畏的東西極多極多。我們畏天命，畏王命；我們畏賢者，畏聖者，畏大人之言；我們怕皇帝，怕官僚，怕上級，怕父母；甚至有時還要怕強盜，怕土匪，怕流氓，怕地痞；我們怕天災，怕人禍，怕老天爺不下雨，怕火神爺發脾氣，怕自己哪句話不慎得罪了神明；有時我們甚至怕親戚，怕朋友，怕鄰里，怕鄉親，

──我們中國人敬畏的東西實在是太多了，然而，我們不敬畏生命，我們沒有或者缺少對生命的敬畏，至少是缺少對普通人生命的敬畏。

建立對生命的敬畏，不能輕言死亡，更不能隨意傷害和損傷任何一個人的健康。這不是說我們要提倡怕死哲學，怕苦哲學，怕累哲學。而是要對中國的新文明確立一個新的認識基礎。

死也不可怕，但只有生命對生命時，才可以承擔死亡原則；傷也不可怕，但只有人身傷害對人身傷害時，才可以承擔傷害原則。換言之，沒有什麼事情比人的生命更寶貴，所以我認為生命是第一價值，由此推論，其邏輯必然是，人的健康價值，高於其他任何非生命性價值。

健康對於人類如此重要，無論男人、女人，無論青年、中年，無論老人、孩子。但遺憾的是，人們常常在失去健康之後，才感到健康的寶貴。當一個人站不起來時，他才領悟到站著多好，走著多好，蹦蹦跳跳多好。當一個人不能說話的時候，他才痛徹地感悟到說話多好，玩笑多好，甚至連喋喋不休都充滿了樂趣。

現代人，首先是文明人，文明人不能總做糊塗事，不能在失去健康時再祈禱健康，在失去美麗時再祈禱維娜斯，在沒了性樂趣時再禮拜「偉哥」，在失去生育能力時再去熱愛孩子。

健康對個人重要，因為它決定了你是一個鮮活的生命，還是一個柔弱的生命，甚至是一個垂死的生命。健康對家庭重要，以至有人開玩笑說，現在的中國人，肩上有三座山，一是住房，二是醫療，三是子女上學。這三座山中，醫療這座山顯然來得更沉重，而且令人也更難招架。我常聽「的哥的姐」這樣說，雖然買了保險，但千萬不能病，生一個星期病，可能一月白幹，生一個月病，可能一年白幹，不但白幹，有時連飯碗也沒了。您病了，後邊還有多少人等著開您的車吶！

　　疾病如此可怕，映照的健康更其珍貴更其燦爛。一個不健康的民族，不能稱之為文明民族。過去的中國人，被人稱為東亞病夫。這名聲的醜陋惡毒，是炎黃子孫的奇恥大辱。

　　為著生命而犧牲健康，在政治上很荒謬，在人格上很恥辱，在經濟上也很不值。而那些為著個人的私利，全然不顧雇員死活的企業主，法律就該管他，雇員就該告他，要讓他在經濟上付出雙倍的代價，在法律上承擔無可逃避的責任。然而，難吶！別的不說，只說當今世界上，還有 2.5 億個童工。因為貪圖私利而造成的傷亡事故更是層生不窮。

　　對於此類醜陋的現象，既要靠法律，又要靠輿論，還要靠人的文明覺悟，更要靠所有社會成員的共同努力──至少受害者和可能受害者要學會拿起法律武器，保護自己的權益，保衛自己的健康。值得注意的是，現在健康概念中，有一種亞健康，或稱第三狀態的健康狀態。亞健康已經不算健康，而第三狀態則是病態與健康態的中間態。

　　中間態，不算壞消息，但絕不是好消息。中間態屬於警報狀態，暴風雨雖然沒來，但那風頭已見，大廈雖然沒有倒塌，但已經出現裂痕。亞健康是對健康出現危機的襲擊，也是滑向病態的過渡，重視亞健康，改變其狀態可謂未雨綢繆。

　　現代死亡類型中，又有一個新名詞，叫作疲勞死。疲勞不是病，但這疲勞可能致人以死命。疲勞死在日本已成為一種引起社會注目的話題，但我認為，患疲勞病症的不僅是日本人，中國人中處在極度疲勞狀態的人也不少。中國知識份子壽命不長，中年夭折的人數比例，遠遠高於其他階層，其中一個原因，就是過度疲勞。

　　因為主觀原因造成的過度疲勞，要真真切切自我警覺，自我調整，自我控制。因為別人強加給我們的過度疲勞，那就要討個說法。

或者乾脆對其說不。管你什麼老闆，大老闆也好，洋老闆也好，土老闆也罷，本人疲勞了，對不起，現在該休息了。你有百兩黃金，難買我香甜一夢。

可喜的是，現代人對於健康越來越重視，起來越珍視了。在一些像北京這樣的大城市，花錢買健康正在成為一種時尚。送禮不如送健康，乾脆買幾張運動門票，與其吃的腦滿腸肥，不如在運動場上出一身熱汗。

當著中國人的健康水平居於世界前列的時候，東亞病夫就真正成了東方巨人。

2.內涵考量靈與肉

有人說，人是大自然的傑作。有這成份，但不全面。人不僅是是大自然的傑作，尤其是文明的傑作。人類造就了文明，文明又造就了人。文明與人的互動力大於人與大自然的互動力。

大自然可以產生無數的奇蹟，然而，僅靠大自然的力量，人不能成為人。大自然是遵循進化論的，它可以造就鷹的眼，鹿的角，象的鼻，虎的爪。然而它不能造就人的手，更不能造就人的腦。

動物和人比，確實有它們各自的自然優勢，然而，這些優勢在人類面前，無一例外，均相形見絀。它們中的許多物種，可以比人跳得高，但絕對沒有人跳得美。它們中的許多物種，可以比人跑得快，但絕對沒有人跑得好。馬是擅長飛奔的動物，鹿更是擅長飛奔的動物，駝鳥也是擅長飛奔的動物，然而比它們更出色的還有非洲獵豹呢？人的速度或許永遠也比不上這些天生異稟的動物，但我們看人類短跑運動員的身姿，知道那是另一種文明造化。

　　獵豹的時速可以達到每小時 120 公里，但即使天上的神仙想讓它再將時速提高 10 公里，也是不可能的。然而，人類可以幾近無窮期地提高自己的時速，這一點，連上帝都擋不住。很多動物比人游水游得迅速，但它們絕沒有人類那樣游得文明。很多動物比人玩得險，但它們絕沒有人類玩得酷。很多動物比人飛得靈活，但它們絕對沒有人類飛得優雅（跳傘）。

　　動物的運動能力往往是單一的，定勢的。而人的可貴之處，在於我們可以突破自己。本人孤陋寡聞，不知道世界上哪種動物具有滑冰能力，企鵝不會，海豹不會，北極熊不會，──我不知道誰會，但人類會。人類不但會滑冰，而且能「花樣滑冰」，把冰變成了魔毯，把滑冰變成了藝術。

　　我也不知道除人之外，還有什麼大型哺乳動物可以攀珠峰，雖然它們中的很多種類要比人類更強健，更具有野外活動能力，更能忍受饑渴。然而，它們中沒有一個物種是可以登上珠穆朗瑪峰的。話又說回來，它們又怎能懂得攀登珠峰的價值呢？

　　人是文明的奇蹟，請看人類的雙手，那才是真正大自然與文明婚姻的傑作。它靈巧，它可以做出任何動物做不出的動作；它奇妙，它可以做出任何動物做不出的造型；它優雅，它可以配以各種樣式的裝飾品，它顯然永遠是這些裝飾物的主人；它通靈性，人的手形含有的文化資訊，有誰比得。人的手已然出神入化，人的腦尤其無以倫比。與這樣無以倫比的大腦相比，就算世界上最先進的電腦，也不過是個對象罷了。然而，人的文明本性在於，它永不滿足。

　　人是文明的產物，人類還要繼續證明自己有多麼文明。人是一切動物中最高級動物，人類還要證明自己究竟有多高級。怎麼證明？挑戰極限。挑戰極限有種種方式，挑戰體能最基本的方式是體育競賽，最基本的目標是打破世界記錄。挑戰極限的前提是有沒有極限。

　　人的經驗告訴我們，烏龜跑得再快也追不上兔子，袋鼠跳得再高也比不過跳蚤。依此例科學家的試驗也告訴我們，例如美國科學家經過生物力學試驗：「證明百米的極限是 9 秒 6，跳高是 2 米 7，跳遠是 8 米 96。」新西蘭生理學家認為，百米跑成績的極限是 9 秒 15，男子 800 米的極限是 1 分 31 秒 96，男子 1500 米為 3 分 27 秒 74。而且在他看來，這些成績的取得，遠遠不是現代人可以看到的。例如，只有在 190 年後，人類才可能在 100 米跑中突破 9 秒 24 的大關。」[1]然而，有堅定的反對者，他們反對有限論，認同無限論，雙方爭論多多，各有理由如許。

　　而實踐所表現的是，雖然很多專案的發展速度在減慢，但卻在人們認為不可能的情況下給了人類一個又一個的驚喜。以百米為例。30 年代，黑人選手歐文斯，跑出 10 秒 2 的世界記錄，當時人們驚呼，說這是一個不可思議的速度。

　　但到了 60 年代，這個不可思議的成績被打破了，哈里跑進 10 秒大關。這一次，人們再次斷言，10 秒就是人類百米跑的極限速度，「上帝在 10 秒處給人類設定了不可逾越的障礙。」可是，僅僅過了幾年時間，1968 年 6 月 26 日，美國 3 名短跑運動員便攜手進入 10 秒極限，以致有人調侃，這一天準是上帝勞累了，他老人家打了一個盹。

　　而我們現在都知道，10 秒大關，已經形同虛設。1991 年，路易斯跑出了 9.86 秒，1994 年伯勒爾跑出了 9.85 秒，1996 年貝利跑出了 9.84 秒，1999 年，格林更是跑出了 9.79 秒。這成績，詹森在 1988 年漢城奧運會上也曾跑出過，但他服用了興奮劑。後來有人說，即使服用了興奮劑，能跑出那樣的成績，──單以成績而言，也是一個奇蹟。但格林證明，這樣的奇蹟，無須藥品，也可以堂堂

---

[1]　引自 2000 年 10 月《科學世界》第 16 頁。

正正跑出來的。還有跳遠。1968 年，鮑勃・比蒙跳出 8 米 90 的世界記錄。這個記錄被稱為 21 世紀之跳。既然稱作「21 世紀之跳」，那麼，20 世紀是沒有希望了，因此比蒙已經代表人類完成下世紀才可能完成的任務。但是，不，1991 年，同是美國運動員的鮑威爾就以 8 米 95 打破了這個世界記錄。我覺得，我們現在只能說，人類的運動極限在哪兒，我們還不知道，這是彼在性的。而人類挑戰極限的可能，我們知道，因為這是此在性的。

人類挑戰極限，不僅運動比賽一種方式，還有其他方式，或者說是更驚險的方式。例如登山，例如漂流，例如徒步穿越大沙漠，例如橫渡海峽，例如高山滑雪等。

這樣的極限挑戰，在西方早有歷史，在我們這裏，也有了光輝的榜樣。儘管他們不見得就是成功者，縱然未能取得行為上的成功，也在探索精神這個層面作出了超越前人的啟示。

這裏面就有今天無數中國人尤其是青年人景仰不已的餘純順，雖然他最後在大沙漠中結束了自己的一生，但他的一生可謂生的偉大，他的去世，又可謂死的安然。

2000 年挑戰極限的中國人首推張健，他用 50 小時 22 分，總游程 123.56 公里（66.8 海哩），成為全世界橫渡距離最長的男運動員。海中搏擊 50 餘小時，這需要何等的毅力；游完全程 123.56 公里，這需要何等的勇氣；完成前人從來沒有完成過的壯舉，這需要何等的魄力與體力！然而，張健並不滿足，他表示，自己還有一個未了的心願，那就是橫渡我國最寬的海峽──臺灣海峽。這一切，都需要健康作基礎。挑戰極限需要英雄，選擇健康人人可為。

在這個意義上說，選擇挑戰有起點，選擇健康無起點。所謂選擇挑戰有起點，是說橫渡海峽，或者攀登珠峰，不是人人都能做到的，想想可以，真的去做，需要條件。所謂選擇健康無起點，即無

論什麼人，成人也好，兒童也好，殘疾人也好，體弱多病者也好，你選擇了健康，就可以行動，而且一旦做起，必有好處。

以北京為例，北京的老年人的晨練，是出了名的，而且形式多樣，不拘一格，也不挑場地，也不要器械，既沒有專職教練，也不定休息制度。天天來固然很好，隔三差五也沒人埋怨。找個地方就練起來，有個空場就跳起來，大橋下面就舞起來，湖邊河岸就唱起來。雖然不免有「擾民」之嫌，雖然常在報刊上看到抗議的文章，然而，他們的精神無疑是愉快的，——效果也是良好的，——效果如不良好，怎麼能不分春夏秋冬，年年月月堅持下來，而且個個笑容滿面，有的還添置了專門的「行頭」。

因為我們中國太窮，不窮的人也沒心思給老年人提供一個適合於他們活動的場所；他們又不屬於有錢階層，所以，縱然有些「干擾」，也請包涵一下吧！

還有殘疾人運動會。殘疾人運動會能創造那麼多好成績，令人感動。殘疾人有這樣的技巧、形態和智慧，令人欽佩。感動和欽佩之餘，也許還會領悟到，健康如同陽光，人人可以盡享。

健康屬於全民事業，男、女、老、幼，人人有責。健康屬於終生事業，從十月懷胎開始，優生優育，到生命的終點結束，有始有終，善始善終。然而，健康又是有標準的。健康與否，不能憑主觀臆斷，而是有客觀標準。這些標準在醫學上都有各自的指標，如心跳多少、心律多少、肺活量多少、血脂多高、血糖多高等等。

傳統的觀點，認為所謂健康就是沒病。這說法，有點經驗主義，雖然大體不差，卻未必合乎科學。沒病是一個標誌，但要看這標誌如何得來。照醫療標準得出的沒病結論，那是真健康。自我感覺良好，可能有準，也可能沒準。要知道真實情況，還要定期作身體檢查。

即使身體真的沒病，也不見得就合乎現代健康標準，那還有個精神狀態問題呢！一天到晚委靡不振，吃也昏昏，睡也昏昏，玩也

昏昏，樂也昏昏，那就不健康。換句說法，肌體健康只是人的健康的物性基礎，心理健康反映的則是健康的精神表現，身、心俱重，才算得上是真健康。

心理健康十分重要。現代人生活忙碌，麻煩也多，各種變故，一時不知從何談起，因而，心理障礙，心理疾病都很普通。

其實，古代人類未必沒有心理問題，但因為人們不承認它，往往把心理問題認定為道德問題，或者品行問題，結果不但沒有解決問題，反而加重了病人心理負擔。有研究者說，中國古代的年輕女姓，動不動就愛頭疼，或者心口疼，正是這種心理疾病的變異反映。

心理問題，不是個別問題，據有關統計，中國大學生中帶有心理問題的比例很高。有些心理問題，已經到了比較嚴重的程度。心理疾病不可小覷。有的病症輕微，但預後不好。有的表現激烈，很可能會引發種種嚴重後果。

比如抑鬱症。人有了抑鬱症，整天悶悶不樂，不愛吃飯，也不多說話；聽別人說話，他還煩，讓他說，他也煩。傳統觀念，就會認為這是精神不健康，屬於道德方面的問題，要給他講革命大道理，用英雄事蹟鼓勵他，用模範人物感化他，但是不管事。為什麼不管事，因為他病了。你對一個病人大談張翼德三聲大吼嚇退曹兵百萬，講岳爺爺八百神兵破十萬金兵，那不是招人討厭嗎？

心理問題，大的可能造成人身傷亡，內向的發展到極端是自殺，外向的發展到極端會殺人。近幾年，報紙上有關青少年殺人、甚至殺死自己母親的報導並不罕見，也有親生父母打壞甚至打死自己孩子的。除去別的原因之外，我懷疑，其心理方面存在問題，可能是一個重要原因。否則，對這類的事件便有些解釋不通。

對心理問題也無須害怕，有的心理問題糾正起來難些，有些則是一時一事之事。比如癌症是病，感冒也是病。有的感冒連燒

也不發，症狀極其輕微。心理問題亦是如此，不要一聽說自己心理有毛病！就緊張，或者忌醫諱藥，感到不好意思。如果你感冒了，你不好意思嗎？絕去多數人心理上有些問題，不過是心理感冒而已。

感冒不是大毛病，但不去就醫就是大錯誤，有可能因小失大，由小問題釀成大問題。心理有點煩，自己也說不清的，不如請心理醫生診斷一下，或者是要把話說出來，問題就解決了。這樣的好事，何樂而不為乎？

可怕的是，因為我們自己處理不當，造成了心理麻煩。比如現在的大、中、小學生，學習負擔很重，而且各種各樣的資訊又很多，結果給他們帶來不少心理或資訊方面的問題。家長不明此理，還要反覆施壓，層層加碼，結果因為所謂好心帶來大麻煩。孩子終於忍無可忍，離家出走了，輟學不上了，破罐破摔了，甚至出現嚴重疾病了。這時候，您怕不怕？

心理疾病有各種類型。一些極端的類型，比如「露陰癖」，「施虐癖」，「拖虛狂」，「受虐狂。」常常和刑事犯罪在外在形式上有某些相似之處。但這不是犯罪，而是「犯病」。正如一個精神病患者殺人是不該負刑事責任一樣，這樣的病人，也不該承擔刑事責任，而應該送入醫院，及時治療。

但心理病患者，常常在其他方面表現與常人無異，而只在某個特殊的方面表現怪異。但人們不能原諒他。但這確實是一種病。比如施虐狂殘害受虐狂，但並不罕見。為什麼一些色情暴力影片，總有票房效應，其實與此有關。一些電影表現年輕漂亮的女孩受苦，受虐待，就有觀眾喜歡看，而且一邊看，內心一邊興奮。這種現實，很多人不願承認它，但它實實在在地存在著。對於這樣的傾向，其糾正方式，最好是把它說出來。心理障礙，有如現在的不正之風，不怕別的，就怕曝光，一但曝光，馬上失效。

　　但就我們中國人而言，或者和我們的文化傳統有關，或者和現代中國人的知識水平有關，總之，我們常常對於一些心理疾病，特別是有關「性」的心理疾病，羞於言說。雖然羞於言說，實際問題很多。怎麼見得問題很多呢？這裏有兩個證明。

　　一個證明，中國人特別相信補腎學說，而且認定十個人中有九個腎虛。因為腎虛，所以有種種病症。因為腎太虛了，所以難免產生陽痿。於是，各種各樣的補腎壯陽之藥，在我們炎黃子孫這裏大行其道，盛行其道。

　　其實，這是一個誤區。全世界的人，人人長著一對腎，為什麼人家的腎都不虛，偏中國人如此腎虛。中國人的腎虛，其實是心虛。什麼十個人中九個腎虛，想辦法改變十個腎虛者中的九個心虛狀，也許更合乎正確之道。

　　一個證明，是外國偉哥未進大陸，已經出現本土偉哥，結果，偉哥不偉，受到查外。土偉哥已然引起大轟動，洋偉哥市場前景尤其看好。由此看來，中國男性中，有性障礙的人不算很少。但公開談論這事的人卻又不多。而且照傳統的習俗，一個大丈夫，說自己那玩藝有些失靈，實在是有些不好開口。

　　其實，這沒有什麼。你就是賈寶玉，也難免會有精神痛苦的時候，你就是黑旋風李逵，也難免有枕邊失意的現象。人都會病的，也都會老的，而且必然會死的。那種以為天天是西門慶，日日是未央生的想法，顯然不合實際。有些毛病無須緊張，緊張更易加重病情：有些障礙無須害臊，害臊更容造成新的「疲軟」。

　　當然，造成性問題的原因很多，有心理方面，也有器官方面的。但看相關的材料，知道因為精神因素造成種種心理問題的情況更多些。不管什麼原因吧，有問題就該請教醫生，而且對自己的配偶，親人，無須遮遮掩掩，最好實話實說。退一步講，你縱然想不實話實說，就那點事還能瞞得過去嗎？

總而言之，健康是一個全面的概念，不但肌體要健康，而且心理也要健康。身心兩健，多麼快活。然而，還不夠哩。現代文明，不但要求健康，而且追求健美。健美亦有廣義、狹義之別。

狹義的健美，是指健康的一種極限狀態。準確地說，應該叫作健美運動，因為它又是一種比賽狀態。健美比賽，很是美麗。大凡體育運動，都以動為主，健美比賽卻以造型方式。它也講完成動作，但那動作都是為展示全身的肌肉和整體造型服務的。而且各種展現，確實令人讚歎。我們見過鷹的矯健，虎的雄姿，然而唯有人可以作到健美。這種健美狀態，既是人體的極致，又是文明的結晶。

廣義的健美，更具普遍價值。說通俗點，就是不但追求健康，而且追求漂亮。不但追求強健，而且追求形象身體。很棒，但是，帥嗎？靚嗎？搶眼嗎？令人有驚異感嗎？有回頭率嗎？

實在說，健康的人比比皆是，而健康又漂亮的人就少得多了。梁山泊 108 條好漢，稱上漂亮的有幾位？宋江是第一條好漢，但是不行，太矮了，太黑了，又太胖了，黑雖然表現身體不錯，但黑而又胖，總是遺憾。盧俊義身材不錯，長得也帥，然而，太像一個員外──他本來就是一個員外嘛。形象可以，不夠時代。宋、盧之外，吳用漂亮嗎？雖然智慧不少，太像傳統書生了，弱。李逵漂亮嗎？不行不行，那塊頭太大了，又不文明，渾身上下毛茸茸的，如想健美，起碼需要「脫毛」處理。魯智深太胖了，阮小二太土了，劉唐太怪了，史進太野了，武松太凶了，王英太矮了，時遷太瘦了，段景柱太俗了，郁保四太熟了，索超太急了，唯有一丈青扈三娘之眼，頗合現代人口味，不但長得好，那身材尤其是好，當個模特，也夠水平。

漂亮不容易，因為漂亮是個相對指標。世界上長得漂亮的人原本就不是很多，而且漂亮還特別容易受到傷害。氣質傷害，固然可

怕，精神傷害，同樣可怕。西門慶長得不算不好，然而，因為走的是一路邪惡，所以那形象就打了折扣。因為心邪，所以眼也不正，腿也不正，橫看豎看，是個寶貴痞子。不要說西門慶這類惡人，即使像賈寶玉那樣的好人，因為是侯門公子，太少鍛煉，所以看來看去，總是柔弱太過。雖為男人，有點女相。有點女相也沒什麼，可歎不是現代女性這樣的健美女相，而是傳統女性那樣的柔美女相。柔美雖非壞詞，現代人看來，總覺得不夠獨立，夠不上「爽」，更夠不上「酷」的。

　　漂亮自然與鍛煉有關，現代人尤其現代青年人，講究減肥，注意美容，實在是一個大進步。雖然追求瘦美也許只是一種時尚，但和那種無節制地發福比較起來，顯然減肥者更其雅調。

　　現代女性，講究三圍。胸圍要大些，這理論會嚇死王夫人，氣死賈政的；腰圍要細些，而且科學證明，腰一粗，愛生病；臀圍又要大些，一個豐滿美麗的臀部，正能給人以無限的遐想，這又是假道學們不能接受的。他們認定對臀的遐想全是邪想歪想，淫想，殊不知還有健康的神奇在裏頭，只不過這種健康的神奇不是為外人道罷了。

　　減肥，美容之外，更講風度、個性。

　　風度不是隨手可得的，然而，越是難得越要追求。現在的大部市，在繁華的街道上，或者高雅的商圈，正可謂美女如雲，佳人如雨，又可謂山山谷谷，風度翩翩佳公子。以致有人說現在逛商廈，不但看物，而且看人，人、物之外，還有人物。如此這般，妙哉？妙哉！

　　講風度，更講個性，衣服五顏六色，不嫌其多；款式千變萬化，不嫌其亂；裝束八仙過海，各展其能，不嫌其新；化妝別出新裁，膽大包天，不嫌其怪。頭髮可黑可黃，眼瞼可黑可藍，鏈子可粗可細，鞋子可高可矮；衣服說長就長，說短就短，說遮就遮一個風雨

不透，說露就露一個目不敢開——如此等等，無以名之，名之曰「炫」。美到炫的地步，算是美出了個性，美出了境界。

自然類固然千姿百態，文明美尤其萬態千姿。千人千面，固然也算豐富多彩，一人千面，尤其令人嚮往之。請問一人何以千面。回答說，不能千面，是你想像力不夠。比如現在流行的藝術照像，就可以讓你盡享千變萬化之福。一忽兒是漢族少女，一忽兒是少數民族姑娘，一忽兒狀如明星，一忽兒形似模特，一忽兒模仿古人，古情古調，饒有餘味，一忽兒陡作潮流，前衛裝束，驚豔絕人。且一忽兒喜，一忽兒悲，一忽兒冷，一忽兒熱，一忽兒楚楚動人，一忽兒笑容可掬，一忽兒稍帶憂鬱，一忽兒興高彩烈，一忽兒柔意頓來，小鳥依人，一忽兒女兒英豪，精光四射。總而言之，藝術照表現的常常是你所未曾認識的你，你所難以想像的你，或者你雖然想像過卻未曾形象化的你。雖然這裏面有化妝師和攝影師的功勞與匠心在內，但畢竟是基於你本身有這樣的潛質。詩化的你是因為你身上原本有詩，藝術化的是因為你身上原本有藝術，化妝師妙手點染，始喚醒了「她」，攝影師慧眼獨具，又捕捉到了「她」。

2000 年 11 月 22 日《北京青年報》第 12 版登了鞏俐的一張壓題照片，相關文字的題目是「你所沒有見過的鞏俐。」此鞏俐非彼鞏俐，她既不是「紅高粱」中的美麗的鄉村少女，也不是「大紅燈籠高高掛」中的那個時代感的中學生，又不是「菊豆」中的善良不屈的情婦，更不是「秋菊打官司」中的那個整天挺著大肚子土得掉渣的秋菊。這裏的鞏俐，是個前衛形象的鞏俐。有些驚，更有些豔，有些美，更有些怪。驚、豔、美、怪，令人耳目一新。不知道夠不夠「酷斃」的標準，或者具不具「帥呆」的資格。但，縱然不斃也夠酷，即使未呆也帥哉。

其實，鞏俐能做到的，很多人也完全可以做到，或者做得更個性，更美麗也未可知。

3.體育運動的四種境界

　　體育運動是健康的衛士。然而當它作為一種競賽出現時，它又有了多重含義。比如有了政治含義，有了經濟含義，有了文化含義，種種。

　　體育本來與政治無關，然而一旦牽址到國家與國家的比賽，就與政治有了某種聯繫。

　　體育本來與經濟無關，然而一旦與錢發生關係，它就成了某種經濟活動的沃土。因而，體育競賽也就有了四種境界，或者說有了四種追求層次。

第一境界——政治境界。

　　所謂政治境界，是把體育競賽運動政治化了。比如足球比賽，對於很多國家而言，都有政治化傾向。我們中國亦不例外，即使我們還算不上最政治化的國家也罷。

　　足球政治化，即認為贏球就是國家的光榮，民族的驕傲。好像一旦贏了球，便代表著國家的勝利，甚至某種政治制度的勝利。

　　在「極左」時期，確乎如此。那時候，不論什麼比賽，一旦獲勝，就認為是社會主義的偉大勝利。現在看來，這觀念是幼稚的。因為中國直到今天，依然不能算一個真正的體育強國，雖然我們奧運金牌拿了不少，但和美國這樣的國家相比，還有很大差距。如果說體育比賽的勝利，代表了某種思想或者某種制度的勝利，那麼，美國人勝的那麼多，就代表它的思想一定比中國人先進或者它的制

度一定比中國的制度優秀嗎？這想法，至少是那些秉持政治化體育觀念的人無論如何不能接受的。

體育與政治發展聯繫，和過去的政治歷史有關。因為我們中國人是被西方人看作東亞病夫的，你罵我東亞病夫，你侵略過我的國家，我當然有積憤在胸。現在有了比賽的機會，不免視賽場如戰場，讓你看看，我們中國人到底是不是東亞病夫。

這樣的情緒，可以理解，但不能持久，持久了就不是有害於他人，而是有害於自己了，而且有害於體育運動本身的發展。

體育政治化，會造成體育運動的畸形，即只重視比賽，不重視人民的健康水平。為著取得好成績，所有體育場所，只供運動員使用。群眾體育運動，對不起，您又不能拿金牌，場館雖有，不讓你用。

一個體育大國，群眾性體育運動是基礎，然後才是專門性運動人口，再後才是專業隊伍。比如中國人口雖多，但足球人口就少了，少到還比不過荷蘭或者法國。那麼，中國的足球要想取得長久進步，顯然會受到基礎性制約。靠著幾個隊，幾百個人，幾千個人，甚至幾萬人的努力成不了體育大國，對這一點，務必真知真懂才行。

體育政治化的另一個負效應是加大了運動員的心理負擔。特別是表現在如足球這樣的項目上。未曾比賽，就想到國家的榮譽，民族的榮辱，那球就不好踢了。實在一粒足球，沒有這麼大承載力。當然，體育成績優秀，和國家與民族有關，否則為什麼奧運會比賽，運動員得了牌牌，要升國旗呢？但不能把這種榮譽的價值過度政治化了。否則，將進入誤區。贏了，全國光榮，輸了，全國沮喪，甚至殺球員，打教練，弄得天昏地黑，球員未上球場，已經戰戰兢兢。早幾年，伊拉克足球隊參加世界大賽，該國的領導者，下了指示，只准贏，不准輸，後來情況不妙，又下指令，說再輸球，就槍斃，

結果把球員嚇傻了，球也不會踢了，輸的更慘。實際上，在這樣的威迫之下，就是贏了，能光榮嗎？如果所有國家都有這樣的命令，那就不用進行體育比賽，乾脆來場戰爭得了。戰爭的勝負不是比體育的勝負更能體現國家的強弱和民族的興衰嗎？

體育政治化還會帶來種種怪現象。比如集體吃違禁藥，東德就曾出現過這種情況。又比如打假球，這兩件事都是令人深惡痛絕的。

在中華人民共和國歷史上，也曾有過「讓球」歷史。「讓球」其實也是假球，不過，是一種特殊政治與社會背景下的假球。它不為錢，也不為利，只是為了政治需要。比如為了一致對外，決定誰上誰下，或者為了表示友誼，命令自己的選手讓球。

這類作法，主要表現在乒乓球專案上，因為唯有乒乓球我們中國有讓的資本。別的球類大多不行，你不讓都打不過人家，弱者談兵，何讓之有？

乒乓球讓球，讓出很多是非，被讓的國家未必領情，被迫讓球的隊員又遭受到無可挽救的傷害。更重要的是不合乎公平競賽的體育文明。

這作法看似高尚，其實虛假。作為一段歷史，永遠值得後人回味；作為一種歷史教訓，尤其值得後人反思。

政治境界，可以成為一種境界，但它的極限是，運動員具有愛國意識，這就夠了。再向前移動一步，都有可能使善良轉為虛偽，使真理化作謬論。

第二境界——經濟境界。

體育競賽本應與經濟無關，然而，既然是市場經濟，它就不能無關。因為你的生存舞台，就是一個大市場，這好像魚在水中生活，

水溫有高有低，水流有急有緩，無論如何沒有水不行，沒有水也就沒有魚了。

體育競賽的經濟境界，包括三個基礎方面。一是個人的收入和獎金，二是運動會特別是主要的世界級運動會的收入和經濟效益，三是體育產業。

運動員個人收入和獎金，也有一個歷史的增長過程。到本世紀來，很多運動明星，尤其是發達國家那些世界級體育巨量，其收入已達到巨大的天文性數字。他們的個人收入，不是以年薪百萬元計算，也不是以千萬元計算，而是以幾千萬元計算，並且多以美元為貨幣單位。例如美國 NBA 的一流球星，如已退役的喬丹，和現役的奧尼爾，加內特，科比，鄧肯，卡特，都屬於這個階層。他們或者在 NBA 賽場已經征戰十數春秋，或者不過幾個春秋，或者還是一個新人，然而，都已經成為美國的富翁。其收入水準，不僅遠遠高於美國的一般企業高級管理者，美國總統等政界人物更是望塵莫及。

中國球員的收入，顯然要低得多，但以中國國情而論，卻也是可以歸入顯赫的高收入人群，尤其是中國男足和奧運金牌得主，收入更出乎其類、拔乎其萃。中國超級職賽的球星，一年有幾十萬元左右的收入，或者百萬元左右的收入，一些外籍球員和教練，收入還要高上許多。拿 100 萬之人民幣和幾千萬美金比，當然是小巫見大巫。不，簡直是芝麻見西瓜。但和中國廣大工薪階層比，卻又財大氣粗得緊。一個國企工人的月平均工資，不過幾百元錢。一個大學教授，國家給的職務工資也不過一、二千元。現在清華，北大教的工資多了，最高津貼，不過每月數千元，20 個這樣教授還比不過一個甲 A 球星哪。因此，運動員的高收入，顯得十分搶眼。

奧運金牌得主的收入也不低，有人計算大約在 100 萬元至 200 萬元之間。以至有的運動員，出國之前，就和哥哥們商量好了，拿

到金牌，買多少多少隻鴨子養，又買什麼牌號的拖拉機使用，一旦金牌丟失，馬上給哥哥打電話，說鴨子別買了，金牌沒拿到──錢沒了。對運動員的高收入，有人贊成，有人羨慕，有人反對，認為拿這麼多錢，不合理。其實，沒有什麼不合理的。

　　從經濟學角度考慮，既創造了效益，就該有效益。比如你辦了一個廠，一年贏得利潤 300 萬，人家說你不合理，你服不服。如果你不服，那麼，將心比心，就該懂得運動員雖有高效益也是合情合理的。喬丹收入高，因為他創造的效益大，否則，美國 NBA 聯盟的老闆們，比猴兒還精，哪能容忍喬丹有那麼高的收入呢！

　　況且，運動員的運動生命都是短暫的，外國運動員的運動生命長些，也極少有超過 40 歲的，20 歲進入國家級賽場，40 歲退休，也不過 20 年時間。遍觀世界體壇，能有 20 年運動生涯的體育明星又有幾人呢？

　　運動生命短，運動量大，而且競爭激烈，殘酷。運動員如同演員，雖然參與的人員不少，真正成才的很少，成為明星的更少，成為巨星的有如鳳毛麟角。NBA50 年歷史，不過出了一個喬丹，50年才出一個的人物，收入高些，合乎邏輯。再就是運動會特別是世界級運動會的收入，其中最有影響的，一是奧運會，二是世界盃足球賽。

　　奧運會並非從一開始就賺錢，實際上，它很有過一段不賺錢甚至賠錢的歷史。在那期間，舉辦奧運會哪有現在這樣火爆，因為賠錢，窮國辦不起，富國不見得願意辦。所以，現代奧運的開拓者們，他們走過的道路十分艱苦而且不尋常。1980年洛杉磯奧運會，私人經營賺了大錢，那經營者真是一位了不起的人物。以後的奧運，便成為經濟效益的代名詞，或者乾脆說已經成為金錢的搖籃。於是舉辦奧運，成為現多國家的熱點話題，不但民心熱，體育界

熱，企業界熱，連政府都熱。熱不全是為了錢，但很顯然，錢的作用，不可小視。如果為個奧運就賠1個億，你看看還有這麼多熱心人沒有。

奧運會的經濟作用，不但表現在運動場上，還表現在城市面貌上。為了爭辦奧運，交通要改變，環境要改變，服務要改變，體育設施要改變。於是各種投資，推動了經濟，各種捐資，補助了經濟，門票收入，刺激了經濟，各種與之相關的經營活動，又活絡了經濟。這等好事，怎能不大受歡迎？奧運會如此，世界盃足球賽同樣如此，其間有些小的區別，基本模式，大同小異。

體育經濟的第三個表現是體育產業。體育產業當然以比賽為核心，以門票收入為第一序列收入。比如 NBA，如果沒有相應的收入，球員的工資不會那麼高，你打死斯特恩，他也不會同意球員有那麼高的收入。

門票雖然是第一收入，卻不一定是最主要的收入。與之相關的，還有廣告的收入，轉播的收入，以及其他各種經營性收入。其中由運動員而開發的名牌服裝就是一個巨大的經濟來源。比如耐克藍球鞋，因為喬丹穿它，所以它的身價，不免因飛人助力而直上青雲。中國有李寧服裝，也是一個很響的品牌，品牌如此之響，效益必定可觀。

然而，運籌經濟，卻有大學問。一些聯賽很成功，一些聯賽不成功，就和運營者的眼光、能力和機制有因果聯繫。為什麼有的聯賽越辦越火，而有的就辦不下去了，非不欲也，勢不能也。形勢如此，奈何奈何。

然而，強者無須歎息，或者說強者並不止於歎息，他們面對市場一定要尋找生機，轉而化生機為勝機。比如中國的女足球賽，效益平平，但美國開始組織女足大聯盟時，還來中國招募隊員。他們

的辦法很值得借鑒。他搞大聯盟，確定比賽城市，先進行調查，他的標準是，這個城市的足球觀眾非達到場地的兩倍人數時，該城市才有資格成為接納比賽的城市。

經濟境界，十分重要，達到這境界，還要有相應的智慧，體制與文化作支撐才行。

第三境界──科學境界。

現代體育運動，沒有科學作基礎，將一事無成，換句話說，你有再好的苗子，不經過科學訓練，到頭來，還會化作平庸。不是苗子不好，是這苗子讓你落後的訓練手段給毀了。

選材同樣是門科學。能把好苗子選出來，已經十分不容易。中國古有「伯樂相馬」之說，所謂「千里馬常有，伯樂不常有」。現代人不同意這觀點了，認為相馬局限太多，相馬不如賽馬，賽馬真正公平，真正透明，真正有高效。

然而，發現人才，最好賽馬，發現苗子，還要伯樂。只是這伯樂不能單憑教練或者什麼人的一雙慧眼，而且要依靠科學手段。科學手段便是當今之世的真伯樂。比如現在通過某種檢驗，便可以知道一個孩子將來身材長多高，手臂有多長，等等。這手段極其重要，因為現代體育競賽，對身體條件要求越來越高，以游泳比賽為例，如果你身高不夠，或臂長不夠，你再刻苦，方法再對，也很難出優異成績。

籃球也是這樣，雖然美國籃球賽場也有小蟲柏格斯這樣的矮個兒，但那只是特例。而且靠柏格斯作主角怕是1萬年也拿不到總冠軍的。

科學的作用，還遠遠非這些。選材、訓練之外，還包括合理的戰術運用，包括體能訓練，包括合理的飲食等等。

吃的不好,或者吃的不科學,也會誤大事。比如當年李章洙接手重慶隆鑫隊,他的一個要求,即隊員回家休息期間,體重最多不能超過 2-5 公斤,否則─罰款。他把這執法和隊員的夫人溝通,得到了她們的認同與支持。隆鑫隊在李章洙的帶領下,取得聯賽,杯賽的好成績,與他的科學訓練方法因果相關。

而且,我相信,體育科學既是生命科學的一個重要組成部分,那麼生命科學的研究理念對體育的發展產生重大意義,體育科學的發展也會對相關的學科的發展尤其是生命科學的進步具有重要價值。

第四境界──人文境界。

人文境界也包括三個方面,一是體育精神,二是文化精神,三是人本精神。

體育精神,廣為人知,所謂更高更快更強,所謂重在參與,所謂公平競爭,其實公平競爭已經涉及文化精神這個範疇。

現代體育,是現代社會文化的產物。所以無論體育精神也好,文化精神也好,都與現代社會的文化價值取向有因果聯繫。其中最主要的表現是,第一公正原則,第二競爭意識,第三法治原則。

首先是公正原則,現代文明或者說市場文明,一定要公正、公平、公開。這「三公」的重要性,現在已被我們中國大陸人越來越深刻地認識到體會到了。沒有公正,則沒有社會的安定和進步,沒有公平,則沒有經濟的長期發展和效益,沒有公開,則沒有確立民主與法制的必要基礎。

而現代體育,追求和實踐的就是公正、公平和公開。因為追求公正,所以堅決反對一切服藥行為;因為追求公平,所以才有那麼

多的比賽規則，比如有的比賽要按體重分成不同的級別，有的比賽，要用抽籤方式確定分組形式，等等；因為追求公開，所以才將所有的比賽與裁判置於大眾廣庭的眾目睽睽之下，絕不允許擅改比賽結果，更不允許暗箱操作。

其次是競爭精神。市場經濟、機會很多，風險也多，所謂挑戰與機遇並存。這句話雖然說得有點濫了，但當你真的進入市場大潮之中，你才會體會到這是一句至理名言。

因為有機會也有風險，所以競爭就成為必由之路。一個崗位，兩位求職者，怎麼辦，爭。一份訂單，兩個客戶，怎麼辦？爭。一項產品，兩個廠家，怎麼辦？爭。一個總統，兩位侯選人，怎麼辦，爭。

市場經濟，不競爭，不能分高下；現代文明，不競爭不能體現民主生活。而現代體育，正好體現了這種精神。古來的中國人，從小受《四書》、《五經》教育，只知道忠、孝、仁、義，只知道溫、良、恭、儉、讓，對於競爭二字，無比陌生，後來傳入西方文化，有點心驚肉跳，又有點力不從心。

現代中國進入市場經濟時代，從小就該使孩子們具有這種競爭精神，而造就這精神的主要途徑之一，就是參加各種體育比賽。

梅花香自苦寒來，不錯。但現在的梅花不但要經受苦寒的考驗，還要經受競爭的淘汰。過去是「香」的不夠，讓你受苦，現在是你「香」的不如人家那麼好，人家上崗了，您──失業了。

還有法制精神。現代體育，最重視法制，中國古來文化不是這樣。我們看小說，知道，古代的擂臺比武，不是講忠奸，就是講生死文書。而且一到臺上，常常失去規則，不是你用陰招，就是我用暗器。或者我本來不想用陰招，也不想用暗器，但是你用了，好，你用我也用，而且美其名曰：以眼還眼，以牙還牙。結果，非得一

方吐血不可。再不然，乾脆把對手扔下台去，摔個半死，要不，一怒之下，便要把對手撕成兩半，還要提著兩條大腿，上下狂舞。

現代體育注重法制，不准弄虛，不准作假，連犯規也不行。管你是什麼人，是世界冠軍也好，是體育明星也好，連續犯規，達到法定次數或法定程度，紅牌一舉，立碼罰下。有敢違犯比賽規則者，罰你沒商量。所謂人本精神，乃是現代體育的最高境界。這境界的含義是，體育競賽的首要目標是為了人的全面發展，是為了人自身的健康狀態，是通過體直競爭獲得必要的和無可替代的比賽的歡樂。

獎金是篤定要的了，薪金也不能少，公道自然也缺不得，法制更不能少，但最為重要的不是這些，而是人的發展，人的素質的提升，人通過比賽得到的歡樂與鼓舞。

當體育真正成為一種人生的極大樂趣的時候，那時候，始可言懂得了體育的奧秘與規律。

三、生的情感運算式

——人生快樂，快樂人生

　　康德一生的最大貢獻，在於三個批判——「純粹理性批判」，「實踐理性批判」和「判斷力批判」，三個批判解決的是真、善、美問題。看看人的認識能力究竟有多麼大，看看道德是否能夠認識，看看人的情感與認識是否一回事。真、善、美，古已有之，在西方有時講真、善、美，有時又講知、情、意，那含意也相去未遠。

　　總而言之，對人的情感非常重視，人的一生，知居其一，意居其一，情居其一。從生的意義上看，人的情感世界，究竟價值指向如何，卻是另一個問題。

　　人有七情，喜、怒、哀、樂、愛、惡、欲。還有一種說法與此大同小異，叫作，喜、怒、哀、樂、悲、恐、驚。人的七情，好比人生情感世界的七個音符，任憑什麼樂曲，這 7 個因素都是最基本的因素；音符 7 個如七彩，萬曲千章自此出。人生有七情，或喜，或怒，或哀，或樂，或喜中有憂，或喜上加喜，或悲喜交加，或樂極生悲，或亦憂亦喜，或亦驚亦喜，或驚恐不已，或驚喜若狂。

　　然而，人生的價值追求需要一個主旋律。這主旋律是什麼呢？是悲，是怒，是恨，是恐，是哀，是傷？都不是。文明人生的主旋律應該是快樂，必然是快樂，不快樂則不足以言人生，或者說不快樂便不是合理的人生，常態的人生。快樂乃人生之真諦。

　　人生的真諦在於快樂，有方方面面的事實為證。這裏擇要而言，討論以下幾個層面的問題。

1.倫理之樂──快樂乃最大的喜

　　追求倫理之樂，並非自古而然，中國儒學，總是沉重時多，歡樂時少。特別那些醇儒，大儒，愈醇愈大，總是嚴肅，一天到晚，全是些沉重得壓死野牛的話題，不是「吾日三省吾身」，就是「風聲、雨聲、讀書聲，聲聲入耳，家事、國事、天下事，事事關心」，要不就是「修身，齊家，治國，平天下。」

　　「吾日三省吾身」，很不合人情物理，你一個凡人，能有多少問題，要翻來覆去，省個沒完？作為現代人，別說三省，就是二省，就是一省，也受不了它。整天忙忙碌碌，好不容易回到溫馨的小巢，剛剛扔掉靴子，換上睡袍，打開音響，沖個熱澡，然後泡上咖啡，翹起兩腳，當此將樂未樂之時，欲快未快之即，好嘛，您這個不速之客來了，說什麼先得三省吾身或者一省吾身，對不起，本人咖啡快涼了，反省之事，您另請高明。

　　「風聲雨聲，讀書聲」種種，雖是幾句好話，重在不能濫用。家國危急之時，有這樣的境界。此語出自東林黨。東林黨人原無論從它自身的地位還是明王朝彼時的發展時態考慮，都有這樣的心境與際遇。然而，和平祥和之時，求學求業之際，不需要這麼嚴肅的主題，要的是歡歡喜喜，快快樂樂。風聲大了要加衣，雨聲來了要打傘，讀書看報要有時。否則人家的飯碗難免不保──除非您以讀書為業，多讀書即是多做事，多做事即是多讀書。

　　風聲，雨聲，讀書聲，如果非使用它也不可，那也需要另作詮釋，風聲大些，吹散污染空氣；雨聲大了，解決缺水問題；讀書聲大了，因為終身教育，需要不斷學習。

「修身，齊家，治國，平天下」，更不可信。此說至少在鴉片戰爭時期已然過時，現在重提，愈發過時。修身並非壞事，但看怎樣修法。修身能帶來快樂，修修又有何妨？越修越貧心沉意重，不如棄之如敝履。何況，修身還要齊家，齊家還要治國，治國還要平天下，那麼巨大的題目，那麼沉重的負擔，都與修身聯繫起來，不是我輩膽小，實在定力不及。您若自修自的，還可相安無事，倘非讓我「修行」不可，對不起，我寧可去南極伴企鵝，也不招你，寧可去北極找白熊，也不惹你。

儒學傳統倫理沉重，基督教也不輕鬆。基督教是主張原罪的——人人生而有罪，有罪怎麼能輕鬆？其實教堂建築原本輝煌——滿可愛的，只是一進教堂，就要萬分肅穆，令人不免有些失望。

好在自馬丁·路德的宗教改革開始，經過幾百年的努力，情況已然發生極大變化。當今的基督教，不但傳道有方，而且更能親近人生，令人感到上帝的溫暖。此種精神，值得儒學，佛學與道教等鄰居們好好學習。

這樣看來，無論中、西，古來的人們對快樂都重視不夠。但比較而言，中國的情況似更為嚴重，中國儒學，統治中國人思想2000年，除去三綱五常，還是忠、孝、節、義，除去忠、孝、節、義，還是三綱五常，快樂二字，不入經典之門。

西方的情況大體如是，但有區別，例如古希臘古羅馬時代，就出現快樂理論，又有享樂傳統。古希臘的優勢在於哲學，哲學更重智慧；古羅馬的長處在於強大，強大又重視享樂。其間著名的哲學人物伊壁·鳩魯就秉持這樣的觀點，他說：我們說快樂是生活的開始和目的。因為我們認為幸福生活是我們天生的最高的喜，我們的一切取捨都從快樂出發；我們的最終目的乃是得到快樂。

　　中國傳統文化中，也有快樂的觀念，但它從來處於從屬者的地位，它頂多是一件副產品，不是原因，不是過程，不是目的，而是結果——捎帶的結果。

　　中國人講「安居樂業」這是有快樂的成分，但不是快樂之樂，而是樂業之樂。業是第一位的，樂又是一種態度。因為你愛這業，所以你應該以樂的態度去對待它。如果你不愛之業，那麼，就是你態度有問題了。這樣的樂，本質上是道德之樂，不是由衷之樂，而是我讓我樂——既然我應該樂，那就樂吧。

　　中國人講「安貧樂道」。貧是一種狀態——窮，道是一種境界，中國式的形而上的境界。比如道與技比，道在其上，道與氣比，道亦在其上；道與德比，道還在其上。夫子云：「朝聞道，夕死可矣。」足見這道的厲害。樂道，自然也無話可講。但與安貧搞在一起！現代人看不懂啦！貧有什麼好呢？沒什麼好！沒有好，為什麼要安？貧而論道，底氣就不足。貧而樂道，更成問題，都窮得沒褲子穿了，還在那兒樂道，若非心理有障礙，必是精神有問題。貧而無法樂道，更不會帶來真正的歡欣與愉悅。

　　古來的中國賢者又喜歡講「先天下之憂而憂，後天下之樂而樂」。話雖是兩句好話，但說話人的位置搞得不對，說話者自覺不自覺地把自己擺到天下之外去了。其實你也是天下之一人，又是公民之一位。即使使用宏大敘語，頂多也只能說：公民樂，你也樂，公民不樂，你要不樂。——這個都未必。中國傳統儒者，常常把自己特異於天下百姓，道德之心可嘉，平等理念全無。

　　這種思維方式，走的是由善而樂的途徑，由善而樂，善而後樂，樂的地位不高。這裏說的生之快樂，不是為道德而樂，快樂為道德服務，而是反轉過來，道德為快樂服務。因為我們追求快樂，所以需要道德。道德不能為快樂服務，這道德能否夠得上道德的資格，都值得研究。

　　追求快樂，是人之本性，普天之下，有不追求快樂而專門追求憤怒，追求失望，追求鬱悶，追求哀傷，追求恐懼，追求煩惱，追求晦氣的人嗎？然而，快樂需要物質基礎，窮的成了「趙光腚」想快樂也沒基礎。

　　所以就中國人而言，不問三七二十一，先解決溫飽問題，是個正確選擇，畢竟有了物質基礎，才有可能安置自己的位置。然而，也要有精神，只講物質，不問精神，不免有見利忘義之嫌。孔夫子昔年論孝，說：今之孝者，謂之能養。至於犬馬，皆能有養，不孝，何此別乎？

　　一般理解，這意思是說，今人的孝道，是能夠奉養自己的父母，就算盡了孝道了，但只講奉養是不夠的，對於狗呀，馬呀！不是也要餵養它們嗎？如果沒有孝道，對父母的「養」與對犬馬的養又有什麼區別呢？這裏不討論孝道。先討論快樂。如果認為只要吃飽了肚子，就可以萬事大吉，關於樂與不樂，去他娘地，那麼，人的生活與鳥的生活，與獸的生活，與魚的生活，又有什麼區別呢？溫飽—小康—巨富，不見得快樂，快樂是人生更高的目標。

　　自然，快樂不僅僅是自我之樂，但其中最重要的標準之一，是自我之樂。這裏所說的快樂，其基礎含義，即：快樂是歡快的個體表達。

　　我不認為「先天下之憂而憂，後天下之樂而樂」是個符合現代概念的運算式，我認為，問詢天下快樂之前，先該問問自己是否快樂。

　　我想那正確的公式是：我快樂，爾後理解天下之樂；我不樂，縱然人人都樂，我依然不樂。而且我有權利表達我的不樂。我希望這社會能滿足我的快樂。快樂本質上是屬於個人性質的，快與不快，如魚在水，冷暖自知。

　　快樂既然本質上屬於個人性質的，那麼，快與不快就沒必要看別人的臉色行事。別人快樂，你也快樂，有點不可思議，而且面對這樣的預設，先該問明白那「別人」是誰？是能決定你利益的權貴嗎？那麼這所謂的樂就不免有些媚氣了；是與你旁不相干的人嗎？那麼，這所謂的樂又不免有些怪異了。唯有這別人是你的親人，友人，才好解釋，但也不可一概而論。舉個特殊的例子，尊夫人有情人了，她高興，尊駕能高興嗎？或你和你的朋友競爭一個崗位，朋友上崗了，你能高興嗎？與別人競爭，別人勝利比自己勝利了還要高興，這結論若非虛偽必定另有它因。

　　看中國古代歷史，我們中國人吃虧就吃在不能自主地表達自己的意見與情感。皇帝娶親，天下同樂，你死了夫人也跟著他樂；皇帝死了，天下同悲，你洞房花燭也跟著他悲，這實在是最沒有邏輯最不講道理的事情。那麼，有沒有天下同樂或天下同悲的情況，也是有的，如國難當頭，便天下同悲同憤，如戰敗了侵略者，便會天下同樂同慶，但這屬於特殊情況。以特異性取代普遍性，未免驢唇不對馬嘴，至少是文不對題。

　　把個人的快樂置於快樂的首位，承認歡樂個性表達的天然合理性，是不是個人主義。是不是個人主義，不是主要的。就算是個人主義，又有什麼了不得？實在說，如果集體主義、愛國主義、孝道主義，以及其他種種主義，假使它不能給我們帶來快樂的話，那麼，只能歸依於個人主義了。

　　當然，自樂還要他樂，自樂固然幸福，他樂同樣幸福，自樂加上他樂才是雙倍的幸福。而且我既要自家快樂，便不該排斥他人的快樂。如果把自己的快樂置於他人的不樂之上，那麼這快樂也隨之失去了快樂之本義。

　　還有助人為樂，我樂，也希望別人樂，因為我的幫助，能使他人快樂，正是求之不得的事，所謂「君子成人之美」，是之謂也。

　　自我之樂，他人之樂，成人之樂，還有眾人之樂，人人皆有快樂，正是我們所追求的理想生活，所謂「待到山花爛漫時，她在叢中笑。」

2.工作之樂──我拼搏我收穫，樂在其中矣

　　工作是為了生活，更是為了快樂。但工作是要付出的，因此，需要一個健康的心態作基礎。過去我們一提到美國，就想到資產階級，一提到資產階級，就想到好逸惡勞，以為美國的有錢人全是懶人、閒人、惡人、混人。現在我們知道了，事實絕非如此。

　　市場經濟要求人人奮鬥，不奮鬥，這社會就沒有你的位置了。所以工作之樂，往往由苦而甜，苦盡甜來的。

　　你付出了，付出時可能很勞累，很艱辛，很不舒服，甚至很痛苦，比如當一個體育明星，何等風光，然而，沒有極其艱苦的訓練，您這星星又怎麼能升空。畢竟壓在箱底的不是星星。

　　苦了，奮鬥了，競爭了，拼搏了，然後，如願以償了。這個就叫苦去甜來，妙在其中矣。然而，不僅如此。工作之樂，還應包括以下三個方面。

　　其一，不斷改善工作條件與工作環境。苦中有樂，不是越苦越好，甚至越苦越樂。勞動中自有快樂，然而勞動條件需要改善，勞動環境也需要改善。比如煉鋼工人，過去是對著大爐揮舞鐵鍬，一邊烈焰熊熊，一邊揮汗如雨。汗多了還要喝鹽水，風吹著又易生疾病，在那樣條件下工作，並非沒有樂趣，但滿足於那樣的條件，就是缺乏現代意識。

現在煉鋼工人的工作條件不同了，煉鋼的接觸不到鋼，也不用面對熊熊烈火了，也無須揮汗如雨了，這一切自有電腦機械操辦，煉鋼實現了自動化。

按照西方人的說法，勞動者分為白領、藍領，白領主要從事腦力勞動，藍領從事的主要是體力勞動。腦力勞動，條件也要改善，其目的是越來越舒適，越來越有欲望，因舒適而更有欲望，又因有欲望而更其舒適。體力勞動的工作條件與環境更應改善，實在無法改善的，就該考慮由機器人代辦。而不是無法避免吸塵，那就吸吧；無法避免有害光的照射，那就照吧；無法避免冷熱環境，那就熱吧或著冷吧。到頭來，肺也壞了，肝也壞了，關節也壞了，身體也垮了，這時候，有官僚拍拍你的後背，說老同志，辛苦了，我代表全礦或全廠或全公司或什麼什麼向你表示衷心感謝呀！

身體都垮了，感謝有屁的用，或者有誰認為這是天經地義，那麼，就請這人來這工作環境試上一試，看他們還能不能笑得出來？改善工作條件，才是天經地義。未來的世界，最終將取消藍領，即便有這名稱，那內涵也不同了。如果 1000 年以後，還是「面向黃土背朝天」，還是大板揪上下飛舞，還是唱著勞動號子拉大纖，打大夯，那麼，就不僅僅是勞動者的悲哀而是人類文明的悲哀了。

其二，為著快樂，尋找適合你的工作崗位。計劃經濟時代，講究一切聽從黨的安排。黨那麼忙，能把什麼事情都安排到嗎？何況歷史已經證明，黨如果統管一切，結果是既誤了別人，也誤了自己。更不要說，黨與民的關係，原本不該如此。

我在本章的前面，講過擇業自由，這裏不再重複，這裏討論的主要是快樂，是擇業的一個基礎性條件。孔夫子有曰：「知之者不如好之者，好之者不如樂之者。」孔夫子雖然嚴肅有加，這話卻是至理名言。那麼，如果不喜歡呢？那要試試看，看看能不能最終喜

歡上它。無論如何不喜歡的，甚至一見就彆扭，就頭痛，就腦袋大的，那麼，早下決心和它「拜拜」好了。

工作好比飲食，雖然孟夫子云「口之於味，有同嗜焉」。但山西人不見得都愛吃醋，山東人也不見得都愛吃蔥，南方人不見得都愛吃甜食，北方人也不見得都喜歡吃醬鹹菜。真不喜歡，為什麼不換個口味呢？

春秋時代，百里奚在虞不行，便去了楚國，在楚國不行，又去了秦國，雖然走的方式不甚光彩，但一到秦國，便如黃金出土見了光芒。

秦漢交際時期，韓信在秦不行，──身為秦民，沒有希望，便投奔楚國，在楚也不行，又投奔漢王，雖經七曲八折，終於功成名就，成為漢初最為顯赫的歷史人物。

蜀國大將趙子龍，人稱一身都是膽，先在袁紹軍中，沒有前途，又投公孫瓚，還是沒前途，直到歸於劉備帳下，才英才得展，以致成為《三國演義》中最為著名的英雄人物。古代如此，現代亦然，中國如此，外國亦然。

美國娛樂大王迪士尼，早年在郵局工作，工作不壞，樂趣不多，後來去服兵役，雖有鍛鍊，不是理想。他的理想在於繪畫，而且直到畫出了風格獨特的動畫人物，才算找到了自己一生的樂趣。

英國飛機大王休斯，早年從事電影業，結果第一部電影賠了 8 萬英鎊，但他不屈不撓，還要再戰，後來歸於航空業，終於找到最好的前途──相對他而言是最好的前途。休斯棄影從機，成為飛機大王。

還有現如今的世界首富比爾‧蓋茨，蓋茨原本也是莘莘學子中的一員，但大學未曾畢業，便輟學開始自己的電腦的生活，中國同行說，蓋茨輟學，可能使美國失去了一個博士後，而 lntl 電腦公司的興起，卻給世界多了一位橫空出世的企業家。

人類從業，有它的發展軌跡，古時候是家族式的，世代相傳現在是市場化的，千行再業，自由在我。以過程論，原來是飯碗式的，

先談糊口，再論其他；現在是選擇式的，我不愛你，另選他人，或從東岸到西岸，或從地角到天涯。

其三，樂之不疲，愛之如命。一個人找到自己心愛的崗位，那是何等的幸運。比如魯迅找到了文學，愛因斯坦找到了專心研究物理學的職位，毛澤東取得了紅軍的最高指揮權，愛迪生有了技術發明的研究室。

古人云：「求仁得仁復何怨？」我要說：「求仁得仁直欲狂。」試想，熊貓若沒了大片的竹林，大象若沒了原始森林或遼闊的草原，海龜若沒了乾淨的海灘，北極熊若沒了北極的冰川，那就等於要了它們的命了。

人是高級動物，因為我們能工作，有所長。有所長，又能盡展其所長，世界上還有比這更令人高興的嗎？所以，凡樂之者找到得其所樂的所在，必然會沉浸在一種很特別的工作或創作狀態。這個時候，他們可以無憂無慮，他們可以物我兩忘，他們可以廢寢忘食，他們可以靈感頓現。

為著解決一個難題，他們可能食也不甘，睡也不甜，啖也無味，笑也無顏，然而，一旦難題得解，便如被捉小鳥驀然出籠一般；便如久困沙漠忽逢甘泉一般；便如久別親人一朝重逢一般；便如黑夜沉沉忽見光明一般。

此所謂：豁然開朗，妙在其中矣。

還有一點要補充的是，工作之樂，不等於非得取得多麼傑出的成績。傑出固然更好，不傑出也沒什麼了不得。有人認為，既然愛這工作，一定得幹出名堂來，否則就是平庸。殊不知，平庸並非只是一個貶意詞。一個國家的領導人，是傑出的多，還是平庸的多，一個企業的職工，是傑出的多，還是平庸的多；一個大學的教授和學生，是傑出的多，還是平庸的多，要說人人傑出，那傑出的也就成了平庸的了。

　　其實，傑出與平庸，均不可少，一個學校，沒有名師，固然不行，但沒有那些踏踏實實，勤勤懇懇，日復一日為這學校工作的教員，這學校一定辦不成，或者辦不好。我們不是甘於平庸，而是說，不要給自己以無謂的壓力。人生各有選擇，只要快樂當先。如果你很喜歡平庸，那麼平庸便是一寶，如果你只喜歡傑出，那麼就請加倍努力。

　　2000 年悉尼奧運會上有一位赤道幾內亞的選手，他參加 100 米游泳比賽，結果遊了 1 分 52 秒 72，這成績比人家 200 米的成績還慢 7 秒多。然而，他來自一個窮國，在他的國家，游泳訓練要去鱷魚出沒的河中，他本人也從來沒有在 50 米長的游泳池中參加過訓練和比賽。他說，「我不想參加 100 米，可教練非要我遊，我覺得 100 米太長了。」[1]他遊得真不怎麼樣，但他的參與精神令人欽佩。他本人更是樂不可支，他對記者說：「從前沒有人知道我，而現在人人都知道我。這對我本人和祖國人民都是好事。」路透社為此專發通訊，題目叫作「為敗者喝采！」[2]只要參與，雖敗猶榮；只要愉快，儘管前行。

3.競爭之樂——快字當頭照

　　雖說同意平庸，但要提倡競爭。可以有平庸心態，不能沒競爭精神。因為這原本就是一個競爭的時代。在這個時代，你可以選擇平庸，但不能放棄競爭。所謂「逆水行舟，不進則退」。

---

[1]　見 2000 年 9 月 21 日《參考消息》第 5 版。
[2]　同上。

　　但競爭與我們祖上的傳統不合，所以很多人在競爭面前，往往表現得不夠勇敢，不夠大膽，甚至有些變態心理在內心作祟。結果，只為一念之差，誤了自己的終身大事。

　　什麼叫變態心理，比如有一個崗位，某人明明能幹，而且他也非常想幹，但他就是不肯表明自己的態度，他穩坐家中，如同姜太公穩坐釣魚臺；他高臥不起，猶如諸葛亮隱居臥龍崗。雖然心急如火，偏裝作不慌不忙，打掃庭除已畢，只等周文王造訪，或者玄德公到來。結果，位置沒了，自己傻了，再怒天憂人，不濟事矣。此等行為，絕對要不得。

　　也有人說爭來爭去，不好意思，與朋友爭既不好意思，與對頭爭也不好意思，與上司爭，更不好意思，與下級爭還不好意思。其實，這全然是自設陷阱。說得粗一點，人家都來搶你飯碗了，你還有什麼不好意思。

　　崗位如親人，別人搶你親人你該怎麼辦？崗位如情人，別人搶你情人，你又該怎麼辦？讓一切不好意思都滾一邊去。雖然文明競爭，何妨暗中使勁，摩拳擦掌。

　　競爭不但要好意思，而且光明正大，正正堂堂。不但光明正大，正正堂堂，還要有準備，有技巧，有能力，有謀略。比如讓你去賣一堆貨，你能把它賣出去，沒點智慧和能力怕是不行。賣貨尚且如此，何況推銷自己。

　　推銷自己，不緊張不行，太緊張也不行。一點不緊張，若無其事，至少是缺少激情，弄不好，別人還以為你不想幹呢！太過緊張，未曾登臺，臉也紅了，腿也軟了，舌頭也硬了，嗓子也緊了，汗都擦不清了，說都不會「話」了，您再有本事，別人敢要您嗎？推銷自己，參加競爭，首先要有自信，其次要有激情，而且要有技巧，最後知己知彼，才能成功。

在大庭廣眾之下，展示一下自己，是多麼愜意的事情。就算沒有成功，也是一次人生的積累。於是，成也快樂，敗也快樂。今日不勝，明日再戰，更其快樂。

競爭不是競賽，但競賽更須快樂精神。

作為一名現代運動員，不但要理解比賽，把握比賽，而且還要享受比賽。學會享受比賽的時候，你的心就是自由的了。徐坤先生寫過一篇〈狗日的足球〉，其中有關馬拉朵拉的一段，寫得甚為精采——此時，馬拉朵拉正在場上，但見：

那麼多匹高頭大馬抓緊一切機會衝撞他，欺負他，伸腿、別腳，一個絆兒，又一個絆兒，推一把，又拽一把。撲哧，這傢伙跌倒了，四腳著地像個烏龜，又一個俯臥撐立起來。帶起球來繼續朝前跑。沒幾步，撲哧，又給絆倒了，這次好像還沒有倒地就一個前滾翻跑起來，腳下沒球也繼續往前跑。在一堵堵圍牆似的壯漢的夾擊堵截裏，身材矮小的馬拉朵拉就像一粒球一樣被踢，被拽，被絆。柳鶯的心忽然間被他給繫得懸了起來。

……

就是在這次總共被絆倒一百三十多次的球賽上，馬拉多納終於贏取了東方女球迷柳鶯小組的芳心。[3]

一個球星，不論他是不是馬拉多納，一場球賽竟被絆倒 130 多次，若沒有對這足球的喜愛，絕對難以堅持，就是堅持，也一定不會興奮。馬拉多納是一個很有特點的人，而且絕不是一個完人。然而，他有一顆獻給足球的快樂的心，單此一點，便使他懂得了足球的「魂」。

快字當頭照，讓我的身心動起來，手腳舞起來，頭髮甩起來，哈哈笑起來。

3　見《96 全國短篇小說佳作選》第 181～182 頁。

4.藝術之樂──萬種風情一趣通

　　討論這個問題時，我的知音是王小波。我不認識王小波，何以謬稱知音，因為他下面的一段話深得我心。他說：這本書裏要談到的是有趣，其實每一本書都應該有趣。對於一些書來說，有趣是它存在的理由；對於另一些書來說，有趣是它應達到的標準。我能記住自己讀過的每一本有趣的書，而無趣的書則連書名都不會記得。[4]

　　什麼是有趣？照我的理解，說俗點，就是好玩，說難點，就是快樂。凡是好玩的藝術，不管它屬於哪一類，我全喜歡，否則，全不喜歡，或者全不把它看成是藝術。

　　這見解也不唯中國人如是，西方人克萊夫‧貝爾也有類似的見解，《藝術審美》一書中有他這樣一段話：

> 藝術品中必定存在某種特徵，離開它，藝術品就不能作為藝術品而存在；有了它，任何作品至少不會一點價值也沒有。這是一種什麼物質呢？……可作解釋的回答只有一個，那就是「有意味的形式。」

　　也有人認為，藝術出自摹仿，這當然也有道理。然而，摹仿也是一種快意的摹仿，比如原始人摹仿各種動物的行為，或者摹仿各種勞動場面，他們彼時的心境，無疑是快慰的。

　　收穫之後，當然快慰，就是對猛獸的摹仿，也絕然不出在恐懼之時。比如景陽崗上的武松，一見老虎，酒都嚇醒了，他還有摹仿之心嗎？此時此刻你想請他摹仿，他寧可不打老虎，也非先揍你一頓不可。

---

[4]　《沈默的大多數》。第 339 頁。

即使是對魔鬼的摹仿，那摹仿也一定在恐懼之後，因為恐懼沒了。不免有些慶幸，慶幸之餘，又有些手癢起來，於是手舞之，足蹈之，便裝一裝那魔鬼，以愉悅他人，而他自己內心，又何嘗沒有幾分快慰與得意呢！

那麼，藝術創作就只是快慰，只是有趣，只是好玩，或者只是快意嗎？當然也不是。

西方人說，憤怒出詩人。憤怒當然不是快樂。縱然有時給氣樂了，那也不是真樂，而是出離氣憤的表現，那笑的背後乃是更為決絕的憤怒。

然而，憤怒之下，詩興大發。詩成之後，又會有某種快感，其意若曰：雖然沒有親手如何如何，畢竟出了一口惡氣。此所謂：

> 縱橫揮舞如椽筆，
> 寫盡胸中塊磊時。

就是屈原，他在奮筆作《離騷》的時候，並不一心想著自殺，而到他真的去跳汨羅江的時刻，心裏也就沒有詩了。

中國人喜歡說以歌當哭，難道哭也是快樂嗎？當然也不是。雖然悲哀與快樂相反，但理想之人，還要高歌，或者悲歌，或者痛歌。這歌聲之哀更哀於哭聲，這歌聲之苦更痛於哭泣。然而，既歌之後，依然會產生某種快感，其情其狀，正如陶淵明所謂：

> 親戚或余悲，
> 他人亦已歌。
> 死去何所道，
> 托體同山阿。

　　長歌當哭，正是一種情緒的釋放。聯想到白居易〈長恨歌〉的結尾，又何嘗沒有幾分快慰在心頭。從創作者的角度理解，追求有趣恰恰屬於純正的追求，或者說那個才是本位性追求。

　　藝術題材無比廣泛，它寫醜惡，也寫善良，它寫文明，也寫黑暗，它寫憤怒，也寫歡快，它寫仇恨，也寫愛情，它寫生活，也寫死亡，它寫幸福，也寫惡運，它寫官場，也寫民間，它寫英雄，也寫小人，世間所有，無所不寫，而且不分善、惡、醜、俊，凡寫得好的都可以進藝術畫廊。

　　然而，進藝術畫廊的一個基本標準，就是有趣。因為有趣，有味道，值得思索，所有才可以稱之為藝術。否則，一寫吵架，便是瘋罵，和潑婦罵街沒有什麼兩樣，和流氓撒潑沒有什麼兩樣，這等罵人，與藝術何干！

　　一寫悲傷，就是哭泣，世人怎麼哭，您就怎麼哭，只不過哭的聲音更響些，嗓門更高些，眼淚更多些，時間更長些──姑且我們不去斷言您能不能真的做到這點，即使真的做到了，也與藝術創作無干，只不過是表明您更能哭，更喜哭，更會哭罷了。

　　一寫憤怒，就拍案打凳，甚至摔盆摔碗，暴跳如雷，甚至打雞打狗，雞飛狗跳牆，甚至還要打人。打別人員警不幹，乾脆就拿自己解氣，不論三七二十一，先打自己 50 個大耳光。然後，臉也腫了，眼也青了，頭也暈了，耳也聾了，雖然自我犧牲不少，但與藝術創作無干，只不過證明您更像個糊塗蟲罷了。

　　真的藝術家不是這樣。盡管有多少「塊磊」在心頭，有多少悲憤在心頭，有多少憂愁在心頭，有多少煩悶在心頭，有多少不解之恨在心頭，他依然要把它寫得有趣。因為有趣，才對得起書中的主人公，才有人愛聽，愛看，願為之傳播，為之拋灑同情之淚。

　　中國古典小說家中，曹雪芹是有大悲憤的，因為這大悲憤，他方在書中寫道：

滿紙荒唐言，一把辛酸淚，
都云作者癡，誰解其中味？

　　然而，悲憤固然悲憤，還是要把那故事編得非常用趣，把那情節寫得非常有趣，把那人物塑造得非常有趣，把那情情感感描寫得非常有趣。大觀園有趣沒趣，太虛境有趣沒趣？賈寶玉有趣沒趣，林黛玉有趣沒趣？史太君有趣沒趣，劉姥姥有趣沒趣？薛蟠大唱女兒詩有趣沒趣，柳湘蓮怒打呆霸王有趣沒趣？沒趣只是悲憤，有趣才是文學。

　　近、現代文學家中，魯迅是一位大悲憤者，而且他不但目光遠大，又能入木三分。他擅長諷刺，但並不同意漫罵。因此他小說中的人物，雖然差不多全是悲劇性的，然而，那形象，那風格，那樣式，卻又十分有趣。他最著名的小說，乃是《阿Q正傳》。

　　他對阿Q是滿含深情的，然而，不滿意他。習慣上的說法，叫做哀其不幸，怒其不爭。又哀又怒，兩大情愫。然而不能簡單處理。如果只是發怒，那不如寫一篇檄文好了。如果只是悲哀，又不如寫一篇悼文好了。但這畢竟是文學呀！是小說呀！是藝術呀！既是藝術，就要有趣。寫阿Q的姓名，就很有趣。

　　寫阿Q的精神勝利法，更其有趣。即使寫阿Q的調戲小尼姑，寫他在戲臺下的賭博，寫他擺闊氣或叫身價，亦同樣有趣。就是寫他上了公堂，被判了死刑，要在自己的供狀上簽字劃押的情節，亦十分有趣。這不是拿肉麻當有趣，而是文學的本性如此。如果將趣味統統去掉，那就等於拿掉了文學的魂。人無魂則死，文學沒魂，會怎麼樣呢？死得更徹底。

　　藝術有很多種類，無論哪個種類，離開有趣，都難生存。相聲不用說了，因為它的功能就是讓聽眾發笑。現在相聲市場不景氣，其中一個原因，就是聽眾聽了，笑不起來。換句話說，就是覺得沒

趣了。觀眾一沒趣，任憑表演者怎麼賣力，怎麼貶別人，貶自己，甚至貶自己的八代祖宗，聽著還是覺得沒趣。於是，相聲市場走向疲軟。

書法也是如此，字的好壞，原本有別，而且依我們中國人的脾氣，不同門派之間，難免相互貶損，但不管怎樣，那字要經得起琢磨。經得住琢磨的字，就有些味道了。看三個月還看不夠的字，那字就可以了，看三年還看不夠的字，那字就成了「典」了，看三十年還看不夠的字，那字就近於「神」了。為什麼看不夠，就是它有味道。因為有味道，所以越看越有趣。

舞蹈也是這樣。「文革」時期，舞也不少，但總是一個主題，而且主題先行，不免格調單一，令人厭煩。一些歌功頌德的節目，動不動就是大跳大叫，大表忠心，更其醜中生怪，令人慘不忍睹。但看今天的舞蹈，佳作越來越多，趣味越來越濃，算賬先生也入舞蹈，披甲武士也入舞蹈，傳統扇子也入舞蹈，民族傘具也入舞蹈，然而都是美的。內行自有深論，外行覺得好玩，因為好玩，所以愛看。

藝術門類眾多，其意大同小異，限於篇幅關係，恕小生不再一一枚舉。藝術風格亦有種種，按傳統的劃分，有悲劇，有喜劇，也有正劇，現代藝術風格，更是五花八門，如表現派，如荒誕派，如達達主義，如後現代主義。無論哪種風格，都得有趣才行。喜劇的直觀表達是笑，笑是放鬆。悲劇的直觀表達是哭，哭是宣洩。

正劇的直觀表達是合情合理，但要寓情理於樂。換句話說，就是痛哭，也要哭的有趣才行。比如《竇娥冤》，堪稱中國古典戲曲中第一悲劇。然而，不但要有悲的故事，還要有悲的情節，還要有悲的結構，還要講究起承轉合，還要有相應的詞，相應的曲，還要有優秀演員。把這一切都表現出來。

你不要說，既是悲劇，既是好的悲劇，不管什麼人，能表現悲哀就行了。實則大謬不然。

　　竇娥的故事原型是一回事，那是社會悲劇，社會悲劇還不是藝術。《竇娥冤》的劇本是另一回事，它已經藝術化了，經關漢卿之手，它不但藝術化，而且成為了藝術經典。但還要好演員，比如珠簾秀、比如白玉霜、比如程硯秋。

　　西方的悲劇，首推《哈姆雷特》。《哈姆雷特》經久不衰，以致有人說，有多少個演員就有多少個哈姆雷特。但我補充一句，有多少優秀的悲劇演員，才有多少藝術的哈姆雷特。否則，有可能把這人物演歪了，把這戲也演砸了。悲劇如此，喜劇亦然。

　　中國京劇中，也有很多堪稱「喜劇」的作品。如蕭長華先生擅演的《失印・救火》、《搜府・盤關》、《連升店》、《法門寺》、《蘇三起解》、《蔣幹盜書》都是藝術精品。在某種意義上講，這些戲非蕭先生演才成功，換了別人，觀眾一看，就覺得不像。為什麼，因為唯蕭長華先生是當之無愧的大醜——大藝術家。其他演員包括那些成了腕兒的優秀演員，和他相比，就差了一層。雖然同為喜劇，總要演出點獨到的趣味才行。

　　正劇更是這樣，因為正劇強調的是合情合理，弄不好，就有可能滑入說教的泥潭。藝術一成為說教，馬上味同嚼蠟。從閱讀者這一面理解，好玩更是必備的條件之一。

　　如果不好玩，藝術於人何益。人們欣賞藝術，不是為了找苦頭吃，不是為了找難受的，不是為了找無聊的，更不是為了找沒趣的。真想找沒趣，去哪不行，何必非和藝術掛鈎。

　　自然，不是任何一種藝術都能引起任何一個人的興趣，這就有個共鳴問題在其內了。能引起共鳴的，必然產生興趣，能引起強烈共鳴的，必然引起極大興趣。正是從這個角度上，那些與讀者生活貼得近，看得准，表現得透，一招一式都能搔到癢處的作品，自然大受歡迎。所以，雖然現實主義的歷史很長很長，現代的藝術界與

欣賞界中，還是有人對它念念不忘，整天奉為圭臬，不忍離棄，而且把一些新的寫法，稱之為新寫實主義。

寫實主義，有待研究，但貼近和摸准生活。無疑是藝術創作的一個重要方法。因為有這樣的法則，如《過年》、如《貧嘴張大民的幸福生活》，如《一地雞毛》，如《秋菊打官司》，才受到觀眾如此熱烈的歡迎。

這法則也在一定程度提示或說啟迪了流行作品。不管流行音樂也好，還是商業電影也好，還是肥皂劇也好，還是暢銷書也好，都在與觀眾共鳴這一點狠下功夫。觀眾吃鹹絕不賣酸，觀眾吃醋絕不賣苦，「有一句說一句，絕不惹大老爺生氣。」有這樣的風格，才具備了成為流行作品的資格。

雖然嚴肅藝術與流行藝術均能與觀賞者產生共鳴，但共鳴的程度和人群是有區別的。前者共鳴得深，後者共鳴得淺；前者能引起思考，後者只引起興奮；前者可以經久不衰，後者只是眼前一亮——我說了，你樂了，得，完。

還要說明的是，欣賞者的共鳴也會不斷變化。比如幾十年前，人們看戲，看的是一個真實，認為只有真實才能感人，現在的藝術欣賞也講真實，但更重視演技，即不但演得真，更要演得好，因為觀眾重在看他演戲。我在某個地方說過，過去解放區的人看陳強演黃世仁，看得入了戲，氣得要把陳強這個黃世仁打死。演完戲，吃派飯，人家都不願意理他，看他就像黃世仁。三十年後，李婉芬演《四世同堂》中的大赤包，情況不同了，要說大赤包的壞，一點也不比黃世仁差，但觀眾把她和大赤包區別開，以致小孩子在街上看見李婉芬，要親親切切叫她「大赤包奶奶」。「大赤包」而奶奶，證明欣賞者一方的求真態度發生了變化。想當初，沒人叫陳強「黃世仁爺爺」，真有人叫了，指不定出什麼事吶。

　　寫到此時，正趕上看李丁先生演的《人蟲》中的房蟲。李丁先生的演技是沒的說了，那功夫，那投入，那自然不經意間的表達，都到了爐火純青的地步。那角色固然令人十分討厭，李丁先生的表演卻顯得愈發光彩可愛起來。

　　李丁先生，真是一位大有趣味的藝術家，一顰一笑皆令人愛。

　　而現代派尤其後現代派的欣賞法，連傳統的結構、人物與演技也不那麼重視了。在他們看來，那情節愈是精心建構，那內容沒准還愈假；對人物愈是精心雕琢，雕來琢去，反而又假。演技沒有不行，以假亂真卻又不行，乾脆來個荒謬變異，忽而臺上；忽而台下，忽而戲裏；忽而戲外，有些邏輯，有些荒謬；有時完整，有時片段；有時很像，有時不像；七顛八倒，更似生活；或者懂了，或者沒懂，但能引發思索，便有收穫如許；但能激發興趣，便是沒有白來。如此這般，曰好，曰成，曰可。

　　但一般而論，有趣的東西，或說好玩的東西總是好看。而如上所說現代，尤其後現代藝術中偏偏有許多內容並不好看，比如畢卡索的畫，好看嗎？喬伊絲的小說，好看嗎？金斯堡的詩，好看嗎？尤涅斯庫的戲，好看嗎？

　　雖然不好看，依然很有趣，那原因何在？對此，王小波另有一論。他說：

> 從某種意義上說，嚴肅文學是一種遊戲，它必須公平。對於作者來說，公平就是：作品可以艱澀（我覺得自己沒有這種毛病），可以荒誕古怪，激怒古極的讀者（我承認自己有這種毛病），還可以有種種使讀者難以適應的特點。對於讀者

來說，公平就是在作品的毛病背後，必須隱藏了什麼，以保
障有誠意的讀者最終會有所得。[5]

小波說得如此之好，我沒的說了。

5　《沈默的大多數》第 347 頁。

四、生的理念表達式

——自由心、求知心、幸福心

　　這標榜之心，並非三心二意之三心，而是三心一體，意在文明。
這三心在我看來，乃是現代人生的最主要的三個理念。無自由，勿
寧死；無知識，俱成愚；無幸福，生何益？

　　有關人的精神與理念的話題多得很，為什麼不紅不白，不偏不
倚，不上不下，非要講這「三心」。因為現代人，不能是原始的人，
不能是愚昧的人，不能是兇殘的人，不能是低級趣味的人。

　　人要走正道——文明之道，必須有三心。

1.有值無價自由心

　　熱愛生命，熱愛生活，熱愛自然，熱愛形象，熱愛自由，這一
切內容中，自由無疑是最為重要的。自由是「生」的魂，古人不懂自
由的價值，也就罷了。現代人不懂自由的珍貴，不免有行屍走肉之嫌。
因為什麼，因為我們是現代人，而且已經邁進 21 世紀的門檻了。

　　自由可以是一種狀態，它的對立面是不自由。自由可以是一種
境界，達到自由境界，才能領悟真諦，揮灑自如。但這裏說的自由，
主要是一種特定的文明類型，一種文明人必須具備的理性精神。有
了自由心，方為自由人。自由人不是無法無天的人，不是我行我素

的人，不是為了一點私利，可以任意胡為的人，更不是天下之大，唯我獨尊的人。凡此種種，皆與自由之二字無關。自由人的內涵，包括自由意志、獨立人格、理性思維和契約精神。

這裏從自由意志談起。自由意志，題目也大，簡而論之，計有：用自己的頭腦想問題；為自己的利益奮爭；對自己的行為負責。用自己的頭腦想問題，這還不容易嗎？我們既然生而為人，不用自己的頭腦想問題，難道用別人的頭腦想問題嗎？或者幽默點說，我想用人家的腦袋想問題，比如用愛因斯坦的大腦想問題，用魯迅先生的大腦想問題，用羅斯福總統的頭腦想問題。人家幹嗎？然而，真的用自己的頭腦想問題，並非易事。尤其中國古代文明，最反對的就是你自有主張，或者自作主張。

我們的儒學聖人，雖然自己也曾「入太廟，百事問」的，但對於自己的弟子，常常不滿意。人家不提問或提問多了固然有些不愉快，那提問如果不合自己的意思，還要諷刺人，發脾氣。

儒學教育，重在三綱五常，所謂君君臣臣父父子子，要的就是服從，兒子服從老子，妻子服從丈夫，臣子服從君父，下愚服從上智。你是兒子，凡事不要你想，老子說了，你照著去做就行了。難道老子的話還會錯嗎？甚或難道老子的話你也敢不聽嗎？

妻子服從丈夫，女子無才便是德，讓你往東你往東，讓你打狗莫打雞。所謂，娶來的媳婦買來的馬，任我騎來任我打！

臣子服從君父，雖然有時候高興了也講兩句聽信忠言的話，但那都是幌子，不能輕信更不能當真的。否則，一旦入了圈套，便讓你千呼萬喚後悔遲。

下愚更不用提了，下愚只管從命，上智才有思想，此所謂「勞心者治人，勞力者治於人」。你本來就是被治的，胡思亂想有什麼意義。何況，一個下愚，就是想破了腦袋，又能想出來什麼東西？

　　用別人的腦袋想問題，所以人云吾亦云。這傳統來自古代，但並不隨著封建帝國的滅亡而自然消失滅亡。

　　雖然民國了，當了一品大百姓了，還是上頭讓你怎麼說，你就怎麼說，讓你怎麼想，你就怎麼想，讓你莫談國事，你就莫談國事，否則，把小命談沒了，也只能怨你自己多嘴多舌。後來，中華人民共和國成立了，然而，政治運動，層出不窮，自己思考，只是神話。反右運動以民主整風而開始，以把右派一網打盡而告終。

　　所謂民主整風，就包含讓你用自己頭腦想問題的意思在內，然而，你真的用自己的頭腦去想了，用自己的嘴巴去說了，對不起，你原形畢露，成右派了。

　　「文化大革命」更是緊鑼密鼓，提倡「四大」。何為四大，即大鳴大放大字報大辯論。這「四大」聽起來多麼令人神往。不但要鳴，而且還要大鳴；不但要放，而且需要大放；不但大鳴大放，還要大字報，大辯論。這一回真的可以用自己的頭腦思考問題，真可以用自己的嘴巴說話了吧！非也。非但非也，而且變本加利。

　　所謂「四大」，不過是用更大的聲音更真誠的態度，大喊「毛主席萬歲」而已。如果你真以為這裏給了你個人自由，於是便像遇羅克一樣，或者像張志新一樣，或者像顧准一樣，或者像梁漱溟一樣，那你可就太不識時務了。因為你不識時務，槍斃了你，也應該；割斷你喉嚨，也應該。

　　不用自己的頭腦思考，並非自「文革」始。比如大躍進時期，中國人可以用自己的頭腦想問題嗎？「人有多大膽，地有多大產」，這是人話嗎？畝產1000斤，畝產10000斤，畝產幾萬斤。李太白遊山玩水，沒種過莊稼，他不明白這道理。王震軍墾出身，譚震林身為農業部長，毛澤東從小下過田、種過地，還發動過南泥灣大生產運動，難道連這樣明顯的謊言也看不出來嗎？

中國人的從眾心理，由來久矣。只要人人都說煤球是白的，那麼，你別無選擇，只能跟著大叫，是白的，千真萬確，而且白如漆，白如雪。

中國人的怕官心理，同樣由來久矣。只要有權有勢者說元宵是黑的，那麼，你同樣別無選擇，只能跟著大叫，是黑的，萬確千真，而且黑如炭，黑似夜。用自己的頭腦想問題，就是不盲目從眾，也不盲目從官，按照自己的良心說話，按照自己的見解說話。我說的就是我想的：或者我想的，就是我說的。天下人眾口一辭，只要與我想的一樣，那麼，我也是這觀點，並不考慮是否媚俗，是否流俗。縱然媚俗，流俗，本人就這想法，也沒辦法。

同樣天下眾口一辭，只要和我想的不同。那麼，我依然要講我的觀點。你贊許，我也說，你反對，我也說，你暴跳，我還說，你有權力不讓我開口，我的心仍在說，「雖千萬人，吾往矣！」

用自己的頭腦想問題，就不屈服於強暴。實在說，強暴可以毀滅一座樓、一座山，不能毀掉一個思想，所謂「三軍可奪帥，匹夫不可奪志。」用自己的頭腦思想，也不屈從於師長。尊重師長，一日為師，終身是父，這是一個問題。尊重師長，但不屈從師長，這是另一個問題。所謂「弟子不必不如師」，所謂「吾愛吾師，吾更愛真理。」用自己的頭腦思想，也不屈從於書本，哪怕這本書是三經五典也罷，是聖經聖教也罷。聖人都可以批評，還有什麼不能批評；上帝都可以懷疑，還有什麼不可以懷疑。

對於中國人來說，用自己的頭腦思想，用自己的嘴巴說話，還不是一種易事。因為中國歷史雖久，卻沒有這樣的傳統。個中原因，有客觀的，也有主觀的，有歷史的，也有現實的。此處只論結果，不談原因。為自己的利益而奮鬥，這件事難嗎？難。因為中國文化傳統，屬於等級性文化，既是等級性文化，那麼作為低一等的人物，便處於依附狀態，你想為自己的利益奮鬥，等於自找苦吃。一個丫

環，她想在小姐那裏爭取自己的利益，其結果，八成是丟了自己的飯碗或者換來頓臭罵。一個兒子，想在老子那裏爭取自己的利益，其結果，雖然不至於讓老子炒了魷魚，等著你的不是訓教，就是板子。

下級無權無勢，有點什麼，看似是你的，其實沒保證。比如你家有一塊玉石，寶貝得了不得，你的上司沒看見，也就罷了。如果看見了，人家說不錯，挺有趣。人家有趣，你就該沒趣了。而且雖然沒趣，你還必須知趣。所謂知趣，就是趕緊悄悄地神不知鬼不覺地給人家呈上去。否則，就是不知趣。不但沒有畢恭畢敬呈上去是不知趣；就算呈上去了，弄得人人都知道，也是不知趣；雖然送的保密，事後又和別人說了還是不知趣；哪怕呈上的時候那表情不十分情願或不夠自然，都是不知趣。好哇，栽培你半天，還如此不知趣，看怎麼收拾你。等級時代，上面要收拾下面，如同貓戲老鼠，又好像長蟲收拾蛤蟆。

等級時代，財產名義上是「單位」的。例如一個家庭的財產自然是家這個單位的，而一個王朝的財產自然是國這個單位的。但能支配這些財產的，不是家庭所有成員，只是這家的家長，也不是朝廷的上下人等，而是皇帝。所謂「居家千口，主事一人」，所謂「普天之下，莫非王土。」家長說支開就開支，說賣地就賣地；皇帝賞你金山銀山，算你走運；要抄誰家，算誰倒楣。這樣的傳統，其實很壞——至少在市場經濟條件下確實很壞。但中國不是一下子就認可市場經濟的，市場經濟前面還有計劃經濟。

計劃經濟的特色，就是一大二公。什麼都是國家的，什麼都是集體的，只講公字，不講私字，只能公有不能私有，公有，光榮之外還有光榮，私有，罪惡之後還添罪惡。什麼個人利益，壞得很，糟得很，要命得很。據說，一個私字，就可以斷送國家的前途，改變國家的顏色。所以人人要鬥私批修。

鬥私居然和批修聯繫在一起，可見問題性質之嚴重。現在看起來，是有點危言聳聽了。那麼點個人利益，沒那麼大作用。如果一個私字就可以把一個國家打倒，就可以使國家變色，那這國家的基礎未免太脆弱了，這國家的顏色也太容易改變了。就是變色龍，改變自己的顏色還沒那麼快吶！

不講個人利益，一切利益歸於國家，不管是家傳的文物還是個人的收藏，彷彿都不體面，只有無償把它們獻出去，才合乎時代口味。「文化大革命」乾脆來個全體大抄家，凡是你家裏可能有點什麼的，如果出身不好，必定惡運難逃。這樣的時代總算過去了。現代人應該也有可能理直氣壯為自己的利益而奮鬥。我勞動，我就該獲取勞動報酬。我的合法收益，不是天的，不是地的，不是神的，不是鬼的，不是官的，不是權的，一點一滴，一絲一毫，都是我的。

人人都學會為自己的合法利益而堅持的時候，這社會才能走向平等。

人人的合法利益都能得到保護和保證的時候，這社會的公民才有資格談論自由，表現自由，享受自由。

對自己的行為負責，容易嗎？不容易。比如現在中國大陸「假」的東西之多，已經到了忍無可忍的程度。一切「假」的，都是不負責任的。假車牌，假護照、假商標、假錢幣、假字畫、假文憑、假學歷，甚至連官都是假的。有的死刑犯都「槍斃」好幾年了，還在街上逛悠呢！自己不對自己負責，而要別人對自己負責，這也是有傳統的。

前面提到的傳統京劇中，有一出《姚期》，說東漢姚期的兒子姚剛把太師用石頭打死了。打死人要償命，那麼，姚剛是應該償命的了。但是不，姚剛雖然打死了人。但裏面的問題複雜了。因為姚期是功臣，皇帝曾經給他發過免死牌的；被打死的太師是奸臣──

他是怎麼奸法，戲上也沒說，至少沒什麼有說服力的事實和根據。再加上邊境又有些吃緊，結果七亂八亂，姚家父子帶兵打仗去了。

還有一齣戲叫作《乾坤帶》，情節是大同小異。不過這一回是發生在唐代的故事。說秦瓊的兒子出征去了，他孫子秦英，因為釣魚的事和詹太師發生口角，結果把詹太師給打死了。秦英打死人同樣應該償命。但是不行，因為他母親是皇姑，他外祖母是皇后，他爸爸是大帥，他祖父是開國功臣，同樣七亂八亂，秦英同樣帶兵幫他爹打仗去了。而且皇上還格外開恩，贈給他一條「乾坤帶」。

又有一齣戲叫「二堂捨子」，說清官劉延昌的一個兒子打死了惡少，——這一回總算有點打死人的根據，但那惡少家的勢力大呀，於是兩個兒子跑回來，向父母訴說前情。他一個兒子是前妻所生，一個兒子年紀尚小。禍是大兒子闖的，但小兒子也講情義，要替哥哥承擔罪名。於是夫妻倆個發生爭執，這個主張讓大兒子頂罪，那個主張讓小兒子頂罪。又是七亂八亂，結果，吉人天相，禍事了了。

可笑的是，雖然當事人對自己的行為並不負責，他們還要口口聲聲直著脖子大叫「好漢做事好漢當」。其實，這不過是一句口號罷了。中國的口號可聽不得。因為我們是一個特別擅長表演的民族。何況說，好漢做事好漢當，天底下又有幾個好漢呢！水泊梁山那麼大的事業，才 108 個好漢，唉！

中國的事，總是該負責任的不負責任，不該負責任的瞎負責任。其結果，是弄不清到底誰該負什麼責任。比如一位顧客去買東西，結果與售貨員發生衝突了，這顧客的殺手鐧是，你態度不好，不理你了，找你領導說去。這風氣的漫延，是一切事物，自有頭兒——官負責。

學校沒搞好，找校長去；企業沒搞好，找廠長去；商店沒搞好，找經理去；黑社會分贓不均，找老大去。學生有了缺點，找家長去。

　　小學生請家長，情有可原；中學生找家長，已經很不得體；都高中生了，甚至大學生了，18 歲過去都享有公民權了，還請家長呢！真不明白這是怎麼檔子事。別說學生了。一個單位的職工出了錯了，比如違反交通規則了，交通隊要讓違規人的單位負責人來領人，或者叫他們負責解決問題。這實際上是不尊重人格，既不尊重當事人的人格，也不尊重單位領導的人格。

　　這還不是最可怕最可厭的，最可怕最可厭的是：一個單位──是不問這單位的大小，或者屬於什麼性質，一旦出了問題，當領導的馬上會拿出擋箭牌，說這是集體研究決定的。既是集體研究的，就要集體負責，而我們大陸中國人都心知肚明，所謂集體負責就是沒人負責。

　　不管因為這集體決定造成多大浪費或者多大危害，開脫之詞是「交學費」，最後的結論是「下不為例」。實在不行，把當事人換個地方，依然當他的太平官去也。

　　對自己的行為負責，是法制社會的體現，又是一種自信的表現。這種自信，應該稱為個體自信。可惜我們中國人常常有集體自信，而個體沒自信。

　　中國人不但有充分的集體自信，而且有充分的集體自大。但是，我們同樣常常缺少個人的自大。魯迅先生對此，早有高見。他說：中國人自來有點自大。──只可惜，沒有「個人的自大」，都是「合群的愛國的自大」。這便是文化競爭失敗之後，不能再見振拔改過的原因。

　　「個人的自大」，就是獨異，是對庸眾的宣戰。……見識高在庸眾之上，又為庸眾所不懂，所以憤世疾俗，漸漸變成厭世家，或「國民之敵」。但一切新思想，多從他們出來，政治上宗教上道路上的革命，也從他們發端。所以多有「個人的自大」的國民，真是多福氣，多幸運！

「合群的自大」，「愛國的自大」，是黨同伐異，是對少數人的天才宣戰，──至於對別國文明宣戰，卻尚在其次。他們自己毫無特別才能，可以誇示於人，所以把這國拿來作個樣子；他們把國色的習慣制度給抬得很高，讚美得了不得；他們的國粹，既然這樣有榮光，他們自然也有榮光了！因為不自信，所以只能「合群的自大」了，而且還是「愛國的自大」。這批評可說一針見血。

有時我甚至會想，中國的公民，常常帶有老年性兼兒童性兩種品質，那思維方式與行為方式常常是老氣橫秋的，但那獨立心態又像兒童未成年的，自己不能自立，不會自主，不敢自主。往壞處說，是非找個靠山不能活著似的。往好裏說，也是兒童心態，不會以公民的身份自己為自己作主，動不動要像孩子一樣的撲向母親的懷抱，而且還大聲叫著：祖國啊，母親。

再來討論獨立人格。等級制追求的是人身依附，而人身依附是獨立人格的死敵。等級制原本就沒人格的。等級制度下，或者是人上人，或者是人下人，就是沒有平等的人。

宰相大不大，所謂一人之下，萬人之上。然而，不頂事，皇帝一怒，照樣沒戲。劉邦那時候，是動不動就要殺功臣，蕭何雖然沒有被殺，但一天到晚活得戰戰兢兢。朱元璋建立的大明王朝，還是殺功臣，而且建立東廠與錦衣衛制度，動不動就把大臣拉將出去，在午門之外，來一頓廷杖。臺灣的柏楊去美國講學，說到廷杖，聽眾不懂什麼叫廷杖，柏楊告訴他們廷杖就是打屁股。

不管你是幾品官，也不問你年齡大小，身體強弱，反正帝王一怒，就要打屁股，立碼把褲子扒下，打將起來。請問廷杖之下，有什麼人格可言。這還不算哩！打完了，被打者還要望詔謝恩哪！我們常說：「打人不打臉，罵人不揭短。」不打臉，打屁股就可以保全住面子或者人格了嗎？何況，大老爺一怒，管你臉還是屁股。現電視連續劇《清官于成龍》中于成龍就是擅長變通的官員。戲中有

這麼一個情節，他本來要手下人打當事人屁股的，因為板子沒有準備好，於是就改成打耳光了──而且不打則已，一打就是二十──掌嘴二十。

這傳統極其不好，它所造成的後果就是凡做一件事，必定要找門路，找靠山，找熟人。古代的清官中，最享盛名的人物乃是包拯。然而，包拯之所以屬害，是因為有皇帝給他撐腰，同意他的要求，給了他三口大鍘刀：龍頭鍘、虎頭鍘、狗頭鍘，遇到壞人，不用請示，可以自行開鍘。

設想如果包龍圖沒有這三口鍘，那麼他還能如戲曲中說的那樣威風八面嗎？現代的清官是不需要大鍘刀了，但是要有批示。有了批示，便理直氣壯，何事不能為？沒有批示，立碼金剛化佛，沒了脾氣。

辦事要批示，自己還弄批條，法院辦事，他也寫批條，商人做生意，他又寫批條。批條只是一張白紙，幾個臭字，然而管事，因為什麼，因為他是官兒，或者自稱父母官，或者被別人稱為「封疆大吏」。例如成克傑，連封疆大吏的名字都不高興聽，叫作「廣西王」。廣西是廣西人民的天下，要什麼狗屁不通的廣西王！

此等風氣，污染社會。辦事不憑才幹，做事不憑本領，這個憑他爸，那個憑他娘，這個有一位權勢炙手的三太爺，那個有一位說話算數的表姑夫，這個有一位管印的同鄉，那個有一位神通廣大的同學，這個說認識省長秘書，於是坐在飯桌前便身份高了三尺，那個乾脆認識省長夫人，趾高氣揚好像他就是省長的小舅子。如此等等，令人噁心。然而，此等劣風醜景我們還見得少嗎？獨立人格，全然不是這等醜樣子。不管遇到什麼情況，權勢也好，金錢也好，欺詐也好，引誘也好，人格獨立如山，山不倒，人格不倒；山倒了，人格依然不倒。

中國人有句俗話，叫作：「有山靠山，無山獨立。」這不是獨立人格追求的境界，獨立人格的品性是，山自是山，我自是我；山

雖可靠，我不靠山；靠山則於獨立有礙，於獨立有礙則等於損傷了我的人格。然而，真的做到這點，又容易嗎？比如我們寫書，敢字字句句都講真話嗎？如果連真話都不敢講，還有什麼資格來談獨立人格。比如我們寫小說，心裏有什麼忌諱沒有呢？如果沒有，就算那小說的質量不高，它是能夠獨立的，否則，就不是小說，而是傳聲筒了。

可惜我們的許多作家，頭上頂著作家的帽子，寫這個，也怕，寫那個也怕，寫來寫去，寫成了八股。

八股有什麼價值？我們回頭看 40 年代到 80 年代初這幾十年間，真的文學作品，確實不多。有人說，這個時期的文學，與其看文學，不如看檢查。彭德懷的自述，全是監管人員要他寫的交代材料，但他寫得好，雖是檢查，都寫得句句真情，字字事實。

然而，我們也要看到，說真話可能帶來麻煩，寫真話更可能飛來橫禍。由此觀之，獨立人格又不僅僅是個人格問題，人格後面還有制度，制度後面還有文化。

關於理性思維。自由心的基礎在於理性思維。因而，自由心不是亂出風頭，一心一意表現自己，更不是大擺派頭，無時無刻不在炫耀自己的財勢，或者自己的權勢。它要表現，表現的也是一種理性精神，不是因為它好虛榮，而是因為它有道理，不是因為它暴富，而是因為他有觀點要說有真話要講，不是因為他權大可以欺人，勢大可以壓人，而是因為他有理念，並且要為這理念的實現而盡其力。

自由心不是執拗，不是固步自封，更不是剛愎自用，自以為是。理性原本與執拗是兩回事，有理性便不執拗，如果非用這個詞，那麼也是理性的執拗。你不能說服我，那麼就是用 1000 匹馬力拉我，也不關事。你不能使我信服，就是 10000 馬力拽我，也不濟事。但不固步自封，人可以自命不凡，理性不會自命不凡，一自命不凡，就是非理性了。更不會剛愎自用，剛愎自用，是因為理性無多。更

不會自以為是，自以為是是把自己看得比理性更重要，他不明白，理性代表的才是那個「是」，你自以為是，你以為你是誰。

自由心不是巧辯，不是狡辯，連雄辯都不是。巧辯只是一種說話的技能，同是一事，別人說得出，他能說得好。然而說得好並非就代表了理性，頂多是更善於對這理性的表達。理性不反對雄辯，從本質上說，理性本身就是雄辯的，然而，雄辯不是理性的因，而是理性的果。實際上，雄辯的理性家，固然更其光芒四射。不雄辯，甚至不善言談的理性家，同樣光芒內斂，自有威儀。但絕不狡辯，理性與狡辯，無論如何，二不搭界。既有理性便無須狡辯，既要狡辯必缺乏理性，二者必居其一。

自由心不是拉幫結派，動不動就講老鄉，講親情。「老鄉見老鄉，兩眼淚汪汪，」或者「上陣親兄弟，打仗父子兵。」不問是非如何，先看親疏遠近。這就沒有理性了。理性是個準則，親者不可犯疏者不能離。魯迅先生講了錯話，也要批評，阿Q大叔講得在理，也得贊成。你就是林黛玉小姐，雖然美麗無比，又一心一意只愛賈寶玉，如果不合理，對不起，賈某人不能從命。抑或你是賈瑞，缺德行，少操守，還愛照個風月寶鑑什麼的，但你說的合情合理，那麼，沒有二話，便照你的辦。

自由心不是情緒化，既不慷慨陳詞，也不凌駕於人；既不喜歡煽情，更不喜歡用特殊手段表達自己的情緒。一個理性主義者，不會說「真理總掌握在少數人手裏」「這樣的話，也不打反潮流的旗號，又不作頭上長角，身上長刺的怪物，更不會」拉大旗作虎皮，包住自己嚇唬別人」。理性走的是實驗之路，你正確，你要證明給我看，否則，你是孫悟空，我也不贊成你，你是如來佛，我也不贊成你。豬八戒言之成理，我投他一票，蠍子精實事求是，便請她講解經文。

自由心不是見利忘義，不是「王婆子推磨，無利不行」，不是「王婆買瓜，自賣自誇」，不是「為著一碗綠豆湯出賣自己的長子

權」，更不是貪得無厭，唯利是圖。十萬塊錢就敢賣肉體，十萬塊錢就敢賣良心，百萬之錢就敢賣靈魂。這類毛病，就是沾染上一丁點，都與理性相衝突。理性的品性在於分辨是非，是其是，非其非，它是自由的，但不是自虐的，不是自閉的，不是自肆的，因為有理性在，本該是他的利益少一分也要追求，不是它的，就是金山銀山，也不過是金山銀山罷了。

當然，理性並不排除情感，有道是：「無情未必真豪傑。」在某種意義上說，情也是理性的某種基礎，理也是情的某種歸宿。大丈夫何患無情，當笑便笑，該哭就哭。

自由心尊崇理性，理性代表平等待人。伏爾泰有一句名言：我不同意你的觀點，但我絕對保衛你說話的權力。

這就是說，我有表達權，你也有表達權；我有批評權，你也有批評權；我有諷刺權，你也有諷刺權；我有申訴權，你也有申訴權。

而不是我說你聽，甚至我說你必須聽，你不聽，看我怎麼治你！或者只許我說，不許你說。中國人的老習慣，是兩個人吵架，吵到最後，沒了勁了，但並不停止，兩個人都希望說最後一句話的是自己，對方不吭聲了，就證明我勝了。其實，這不過是一種虛榮心罷了，阿Q大叔深明此道，而且玩起精神勝利法來，比這還要精彩。

兩個人或兩萬人，或者兩億人，發生爭論，爭的是一個理，論的也是一個理，而不是比誰的嗓門大，誰的權勢大，誰的陰招多，誰的手段黑。

你聲大，我聲更大。那結果也不過是聲大而已。又不是叫驢發情，要那麼大聲音幹什麼？

權勢與理性有關，但權勢與是否合乎理性無涉。你權大，作你的官去。你勢大，管你的事去，——那也要理性的，否則，怕是官也坐不久，勢也待不長。以權欺人，以勢壓人，不過暴露自己的無

知而已，正如錢鍾書先生所言，猴子爬樹，爬的越高，那紅屁股越暴露在光天化日之下。

也不使陰招，使損招，使壞招。好像兩個拳師比武，打不過你了，放一支毒鏢過來；又好像黃鼠狼遇敵，沒轍了，放一個臭屁出來。黃鼠狼本是畜生，想來人際交往，雖爭論得面紅耳赤，也必不同意使用此等下流手段的。

更不是比誰的手段黑，誰的手段狠。殺敵應該手黑，捉賊才要手狠。亂黑亂狠，便有與公眾為敵之嫌。而與公眾為敵，必定寡不敵眾，就是高壓之下，人家暫不開口，人心是丟失了的。而且我相信凡獨夫民賊，覺都睡不香的。因為他們天天在做虧心事，夜半叫門心必驚。

自由心推崇的是理性，講究的是寬容，而且有操守。不但我講話，也讓你講話，且無論什麼情況，都有自己的理性邏輯。理性主義者，既相信專制不對，就不會自己出來搞專制；既相信權勢者不該無故把別人整下去，那麼，到了自己掌權的一天，也不會濫用職權。

理性主義者，既厭惡暴力，就不會使用暴力，即使他無力制別人的施暴，自己也絕不會一找到機會，便趁火打劫。

理性主義者，既反對特殊化，自己就不會為特殊化引誘，一邊給別人講理想，講精神，一方面又縱容自己的兒子去做違法亂紀的事。

理性主義者，既相信實踐是檢驗真理的標準，就不但要檢驗別人的真理，而且要檢驗自己的真理。而不是別人的真理要反覆檢驗，雞蛋裏挑骨頭，自己的原則就如同帝國的皇上，海邊的螃蟹，只管口含天憲，只顧橫行無忌。

理性主義者，既反對種族歧視，就不會貶損他族且自誇自樂，有意無意之間，便流露出自己民族高人一等的意思。

　　理性主義者，既反對會偷盜，就不會偷雞摸狗，即使五十年都評不上職稱，也不會情急之下便去偷人家的一行字。

　　然而，理性邏輯的文化認同，不是一朝一夕可以奏效的。比如我在某報到上看到一個例子，一個外國人，對我們中國人大講「黑眼睛黃皮膚黑頭髮」有點不解。他說，如果在美國，白種人宣揚「藍眼睛，白皮膚，黃頭髮」，那就有歧視有色人種的嫌疑，別人如果追究你是要負責任的。

　　在中國，大講「黑眼睛、黃皮膚、黑頭髮」自然不會被人追究，因為我們這的黃種人多。但沒有人追究並不見得你有理性。我們是喜歡高唱「我們的大中華」的，這也無可厚非，中華本就不小。但我們聽到過或者也同樣喜歡唱「我們的大俄羅斯」或者「我們的大美利堅」嗎？或者唱「我們的大歐羅巴」嗎？本人孤陋寡聞，至少到今天還沒聽到過呢！

　　看起來，大與不大、小與不小、強與不強、弱與不弱，不是重要的，要害還在於你採取或者說你喜歡採取一種什麼樣的表達方式。

　　願理性在中國生根，以使我們變得更文明，更時代。接下來，談談契約精神。契約精神的本質還是理性精神。凡真正的契約都要雙方或多方同意，才能成立。我同意，所以我簽約。我簽約，所以我承擔義務。這邏輯無可非議。

　　這就是說，契約精神首先表示的是自覺自願，沒有自覺自願，雖然有契約形式，但不能有契約精神。黃世仁逼迫楊白勞，要他賣女兒抵賬。楊白勞不同意，不同意就不簽約。但是不行，你不簽，非讓你簽，喝酒也要讓你簽，強迫也要讓你簽，軟硬兼施，胡蘿蔔加大棒，鬧到最後，乾脆把你手指頭抓過來硬給按上手印了。然後宣佈說，滾吧，就這樣了。

　　這種行徑與契約兩字，屁不相干。真的契約，其必要條件，是要簽約者完全自願。比如 1620 年，「五月花號」大帆船載著 102

名歐洲乘客在北美登陸，大家共同協商，簽下了具有重大歷史意義的「五月花號公約」。「五月花號」公約是美利堅合眾國憲法的基礎之一，所以，雖然此後將近 150 年，美國才真正立國，但後來人編選《美國讀本》時，這個公約，便成為首選。

我同意，我才簽約，這是自主原則。我簽約，我就有了相應的義務，這是法理原則。在西方近代國家學說中，國家也是契約的產物，法律也是一種契約形式。公民通過自己的代表立法，這表示了自主意願，公民的行為必須遵紀守法，這代表了契約約定的責任。所以，凡法制國家沒有契約精神作支持，至少它的文化基礎難於牢固。

比如中華人民共和國成立了，也是有憲法的，但毛澤東主席發動「文化大革命」，說砸爛公、檢、法，公、檢、法就癱瘓了。說打倒國家主席，劉少奇的主席權力就被剝奪了。彼時的中國，有好幾億人，沒有幾個覺得這有什麼不正常的。毛主席都說話了，你不跟著跑，還想怎的？至於憲法云云，早丟到脖子後頭去了。

其實這樣表達都不準確，準確地說，中國的憲法，自民國以後，就缺少必要的契約基礎，——原本人們也不把它看成契約，不把自己看成是立契約人，只把自己看成是老百姓。國家大事，不是你老百姓的事，那思維方式，還是上面怎麼說，我們怎麼辦！何況偉大領袖說的話，更得辦了。林彪說「毛主席的話一句頂一萬句」，現在人人嗤之以鼻，但在當時，反對的不多，連毛澤東主席也不是當即就反駁，而是當林彪不聽他老人家話時，他才批評，批評這話不符合實際。在很多中國人心裏，領袖又何嘗不是一個神呢？雖然不叫皇帝，那地位那身份，比皇帝還高。

契約精神體現的是自主的精神，而自主精神，正是理性精神——自由心的第一塊基石。你連自主都做不到，自己都管不了自己，侈談自由二字，不覺得害臊嗎？

中國文化傳統，不甚講究契約，但特重視然諾，古話所謂一諾千金。一諾千金，好不氣概。然而這不是契約精神，而是道德精神，那意思是說，我答應了，你相信不相信我？你不信我，就是對我人格不尊重，你相信我，還要契約幹什麼。本老爺吐口唾沫便是一個釘，而且是個大棺材釘，釘在那裏，什麼孤魂冤鬼，想跑都跑不成。

然而，這是靠不住的，千金一諾，事出季布，但中國歷史雖長，可曾有過幾個季布？這季布是項羽手下的名將，在項營時，也曾羞辱過劉邦，歸漢朝後，又曾廷鬥過樊噲。劉邦是個什麼人物，雄才大略加無賴，樊噲是個什麼人物，屠狗出身的大將軍，這樣的人他都不十分放在眼裏，可說是一代豪傑，言必行，行必果，更是大丈夫本色。

我不是說，現在大丈夫少了，而是說，市場經濟，頭緒太多，只靠大丈夫，太過危險。比如你和別人做生意，你怎麼知道對方是不是大丈夫，對方又怎麼知道你是不是大丈夫。比如你遇到一位廠長，你怎麼知道這廠長是不是一諾千金，如果他一諾千金，那當然好了，否則，你的工資、獎金，也可能不翼而飛。重然諾，是剃頭挑子一頭熱，雖然雙方交往，但主動的只有一方，剩下的一方沒別的辦法，只有心內焦慮，睡覺不著，半夜三更，燒香拜佛。

契約則不一樣，契約的成立需要雙方或多方的同意，因此，它的成立過程，就是討論的過程，它保護的不是一方的利益，而是合約各方的利益，一條一款，都要商量。你多了，不行，得讓一讓；他少了，也不行，得漲一漲。你不讓，人家就不和你簽約；他不漲，他就不肯簽字。我們不能說，一切契約都絕對合理，但可以說，一切契約都存在著合理的程式，契約體現了各方的權益保護。

一些特別重要的契約，例如國際公約，還需要嚴格的法律程式，它不是哪一個人可以擅自作主的，或者說，他一個人作了主，

並不能生效。比如 WTO，不是總統一個人可以說了算的。你想入約，你就可以大筆一揮，把約簽了，或者你不想入約了，同樣大筆一揮，把約毀了，這不行。總統可以代表國家簽約，但實際生效，還需要國會批准。

但看中國歷史，常常違背契約精神，宋代便有澶淵之盟，雖是勝者，簽的卻是朝貢者式的合同。清代喪權辱國，也是如此，好不容易把日本人打敗了，日本作為侵略者，本該向中國人民作出戰爭賠款，但蔣介石先生認為沒這必要，就發表聲明，把這免了。日本人說蔣總統是以德報怨，大仁大義，然而吃虧的是中國人民。抗戰期間，死了多少軍人，又死了多少平民，毀了多少物業，又損失了多少財產，蔣介石一句話，便把這些統統抹掉，今日思之，倍覺沉重，不僅是財產與生命的沉重，而且是文化精神的沉重。

契約精神全然不是如此，它往往需要剛性程式作保證的。契約精神代表了理性，因為它代表了理性，所以它同時也代表了公平。

真的契約，不是文字遊戲，不是爾虞我詐，不是你讓我上套，我讓你上套。雖然商業場上常有因為簽約不當而導致重大損失的，但契約本身追求的乃是公平。

中國古來商業歷史不短，但真正的契約商業的歷史不長，在絕大多數情況下，還是權力說了算，還是強者說了算。商人遇到官僚，馬上沒了脾氣，商人遇到強盜，更其沒了脾氣，就是遇上地方無賴，例如潑皮牛二之流，還是沒有脾氣，但遇到軟弱可欺的平民百姓，往往又來了脾氣。

中國人過去有句古話，叫作無商不奸，彷彿不奸就不能贏利，不奸就不能經商，或者說，凡是商人都是奸商。

這也不確。但因為缺少契約傳統，種種欺詐更容易氾濫就是了。好的契約，不論簽約雙方背景如何，地位如何，權力如何，歷史如何，只要簽約，必須公平。

　　一是自主，二是權益，三是程序，四是公平，統一而言之，便是契約精神。

　　自由意志、獨立人格、理性思維、契約精神，合將起來，便是自由心。自由心的內涵或者不止於此，而且隨著文明的提高還要不斷豐富自已，但至少不能沒有這些最基本的內容。連這些基本的內容都沒有，或者都殘缺，再談什麼自由，甚至自由主義，就不免有點臉皮厚了，結果準會弄得齷齷齪齪，沒臉見人。

2.有境無邊求知心

　　求知心即科學精神。科學精神與理性精神是車之兩輪，鳥之雙翼。獨輪車，跑不快；獨翼鳥，不能飛。構成科學精神的，有四個基本因素。

第一，推崇科學，信奉科學。

　　推崇科學，信奉科學，就是確立科學的崇高地位。然而，科學的地位，並非一向很高。不是一向很高，而是一向不高。科學在中國歷史上的地位，很低。

　　中國古代史上，真正比較自由的時代，首推春秋戰國時期，或者唯有春秋戰國時期才是比較自由的時期。

　　那個時期，先秦諸子，百家爭鳴。雖然是百家爭鳴，真正堅持科學精神的卻少。道家是反科學的，法家是搞政治的，儒家是講禮教的，名家是講思辨的，農家與科學有關，但重在技術，唯有醫家，情況似乎有所不同，但真正說到狹義科學，也不算對。

　　先秦時期，雖是百家爭鳴，主要是思想爭鳴，文化爭鳴。科學技術，縱有之，地位不高。秦漢之後，進入中央集權的專制時代，廢黜百家，獨尊儒術，科學的地位更不行了。不但科學沒了地位，連其他諸子的地位也是岌岌可危。韓愈是唐代最博學的人物之一，但對墨家，都不算熟悉。蘇東坡多才多藝，近佛近道，但其主旨，並不能跳出儒學藩籬。

　　儒學講禮教，禮教橫行，連「理」有時都不講了。中國古代的科學家或者重大技術發明者，若不出在民間，也只能作為雜學旁好，東躲西藏。

　　西方中世紀，科學的地位也不怎麼樣。古代中國，是儒學當家，西方中世紀，是基督教說了算。神學猖狂，幾乎統治一切，科學成了婢女，唯有屈服在神學的石榴裙下，可以避點風，遮些雨，而無法形成大氣候，且時時刻刻還有被砍伐的危險。

　　古代西方，科學技術的黃金時段，是在古希臘和希臘化時代，然而那個時代，最耀眼的仍然不是科學，而是哲學。哲學是智慧之光，哲學家有崇高的地位，科學家也有影響，但那影響是二流的。所以人們提到古希臘時代的文化人物，首推蘇格拉底、柏拉圖、亞里斯多德，至於阿基米德、歐幾里德，雖有影響如許，與他們不處於同一個影響層面上。

　　科學真正成為社會文明的主導力量，是在文藝復興之後，其旗手是哥白尼、伽利略和牛頓。

　　哥白尼帶來的風暴，真正是一場時代大革命。伽利略的影響同樣非同小可。牛頓的影響還要巨大。可以說，對西方哲學思想界作出巨大貢獻的近代人物中，很少有不受他們三位影響的。

　　現在回首西方 600 年來的歷史，我們知道，其中最有影響的人物，差不多全是科學家和思想家，而哥白尼、牛頓、達爾文、愛因

斯坦顯然是他們中的佼佼者。寫西方近、現代史，離開這幾個人物，就根本寫不明白，甚至無從下筆。

中國歷史上還沒有出現過這樣的局面，現在也沒有出現這樣的局面，能夠聊以自慰的是，已經有了一些這樣的苗頭。

科學對時代產生巨大影響，這時代的發展必然迅猛空前。尊崇科學，信奉科學，又有一個推崇到什麼程度，信奉到什麼程度的問題。

嘴上說尊崇，說信奉，不但尊崇而且備加推崇，不但信奉而且絕對信奉，但一到撥款時，下不了決心了，手裏的一支筆哆哆嗦嗦。這個叫作「說大話，使小錢」，或者叫說得漂亮，做的難看。

為什麼說得漂亮，因為歷史的經驗造成壓力，不說得好聽，便通不過去。

為什麼做得難看，因為沒有真正懂得科學與技術的價值，還是認為經濟是硬指標，金錢是硬頭貨，科學不科學，晚他三年五載，沒什麼大關係。

也有人並非把尊崇和信奉科學僅僅放在口頭上，內心也信，但信的不誠。不是一心一意，而是三心二意。進科學會堂，也信科學，進了道觀便信神，進了廟宇又信佛，政治壓力一大，便兩眼一閉，「管他娘的」。這等信法，等於不信。

真的尊崇科學，信奉科學，便承認科學的崇高地位，只要科學證明了的，便堅信不移，未經科學證明的，不求神不禱告，不胡思亂想，不看太守亂點鴛鴦譜，恭立科學門首，虛心向科學求教。

科學的權威，只要在它的適用範圍之內，應該是無尚的。無論什麼人，什麼事，什麼原則，什麼制度，只要不合科學，沒有辦法，只能改變你自己。你就是山珍海味，也不能吃；你就是百代經典，也不能信；你就是靈驗過 1 萬次，也只能請您下課；你就是我們親娘祖奶奶，也只能請您老人家給科學讓路。

　　梁山好漢中，有一位李逵。這李逵是橫不論，豎不論，天不論，地不論，連鬼都敢罵，連神都敢殺，渾水也敢淌，黑井也敢下，然而一見到宋江大哥，馬上入地三尺，唯命是從。科學就是宋大哥，就算你是黑旋風李逵，對不起，請把黑風收起，這裏不許橫蠻。

　　但科學不是萬能的。世界上沒有萬能的東西，除去萬能之外，世界上根本沒有萬能。然而，萬能云云，不過是個比方罷了。

　　科學並不萬能，相信科學萬能本身就違背了科學精神。

　　科學雖不萬能，但有其精神在。所謂科學精神，是說，在一切適用於科學的領域中，唯科學是聽；在一切與科學相關的領域中，唯科學為最重要的參考；在一切社會生活中，承認科學的基礎性作用。

　　科學雖不萬能，但當它的精神在社會中得以迅速傳播的時候，我們知道，那個時代便離愚昧遠去，離現代文明日近一日了。

第二，服從實驗，認同實證，注重實際。

　　這裏說的實驗、實證、實際，實驗是科學範圍的事，實證是社會範圍的事，實際是文化範圍的事──至少在中國大陸，實際還屬於文化範圍的事。

　　科學之所以可信，因為它有實驗作基礎，沒有實驗作基礎的科學，頂多屬於經驗性科學，但也有實驗的成份在內。比如中醫、中藥，是沒有實驗作基礎的，說螃蟹性寒，王八性熱，紅豆性溫，綠豆性涼，請問做過什麼實驗？實在也沒專門意義上的科學試驗。神農嚐百草，嚐嚐就是實驗，這種實驗雖不能十分可靠，自有其實驗性成份在內。

　　狹義的科學，是否要實驗作基礎，雖不能一概而論，但在其適用範圍內，不經實驗的科學結論，不能認定。因此，相信科學，就要相信實驗；服從科學，就要服從實驗。不論你動機如何，實驗結果不對，不是實驗失敗，就是你錯。實驗結果沒有失敗，必是你錯。你錯就該認錯，這個就叫服從實驗。

　　實證不是實驗，而是一種社會方法，但很重要，它在西方社會學史上佔有重要地位。現在統計科學地位提高，很多社會學對象，難求實證結果，要提出統計學結果，但實證排序仍然重要。

　　實證的最大妙處，在於它是克服空談的一副良藥。實證是形式主義的死對頭，你說發展了，光說不行，證明一個給我看。中國極左時期，胡說八道甚多，其中一大原因，是只講主義，不講實證。不問結果如何，先問姓社姓資；不同效果大小，先問姓馬姓修。如果姓社，即使西瓜地裏全是荒草，也是好的；如果姓資，即使荒草地裏全是西瓜，也是你錯。如果姓馬，就算把老百姓餓得眼睛發藍，床上沒有被子蓋，白天沒有衣服穿，也是正確，而且一百個正確，一千個正確；如果姓修，就算他救活了千萬人，也是小恩小惠，見利忘義。

　　何況說，我們判定一個社會制度的好壞，不是問你到底姓馬還是姓修，不是看誰的著作多，誰的權勢大，而是看誰的主張更有利於民生，更有利於社會生產力的發展。這就叫認同實證。實證不是普遍性方法，但如果連可以實證的都不能實證，即使是天王下界，也不要信他，即使是孔子重生，也不要信他。

　　然而，最可怕的，是連實際都不顧。我們中國人，至少近二十年的中國人，最喜歡講實事求是，以前也曾講過，但很快被忘記了，或者曲解了。不知道外國的情況如何，或者是他們並沒有我們這裏的這些問題，或者是他們水平不高，還認識不到實事求是的偉大意義。

實事求是有什麼偉大意義，本人才疏學淺，沒有弄懂。我只是想，如果連實事求是都做不到，那麼，這地方的空氣一定夠嗆，少說也是五級污染，再嚴重就無法呼吸了。

實事求是，首先要尊重事實，連事實都不尊重，還求什麼是。比如中國的腐敗，特別是高官腐敗，明明存在體制上的大漏洞，如果不在體制改革方面動真格的，而只是左一個教育，右一個教育，今日講理想，明日講紀律，這就叫連實際都不看。沒有實際，你想求是，如同空中樓閣，就算你把它「求」下來，也是假的。

能從實際出發，才有改革開放，繼續從實際出發，開放才會真有結果。

第三，批判意識與創新風格。

批判與創新是一個硬幣的兩個表面。沒有批判，很難創新。而批判的目的，並非為批判而批判，而是為創新掃清道路。但中國文化傳統，不喜歡講批判，動不動就批判，你小子想造反呐。

我們或者說從我們的祖先開始，我們更喜歡講「中和」，講「中庸」，講繼承先人之志，所謂「三年不改父之志者，謂之孝」。講和為貴，講代聖賢立言，為祖師傳道。

西方文化，喜歡批判前人。比如西方哲學，總是後來者與前人較勁，找他們學說中的不是。自古希臘時代起，這傳統已然存在。柏拉圖與蘇格拉底的關係，還有些分別不清，亞里斯多德與柏拉圖的關係，已是以批判為主。蘇格拉底因為自己不寫文章，他的思想多在柏拉圖的著作中體現，但柏拉圖著作中究竟有多少思想是蘇格拉底的，已難確知。亞里斯多德是柏拉圖的學生，但他的信條是：「我愛吾師，吾更愛真理。」真理只有一個，如果它在柏拉圖那裏，那麼愛師與愛理是一致的，所以分析這句名言的真意，

就是亞里斯多德認定真理不在乃師一方，而在自己這裏，所以才「更愛真理。」

這傳統不僅古希臘時代為然，文藝復興以後，尤其如是。後人批判前人，因批判而找到新的發展基礎。所以西方哲學流派甚多，就算一個流派，也是你不同意我，我不同意你。比如存在主義，雖然人人都講存在，但彼此各不相同，你是你的存在，我是我的存在。存在固然存在，不是一個意思。

中國沒有這樣的傳統，西方人批判前人，中國人是為先人作子作孫，甚至作牛作馬。中國儒學，歷史最長，敢於批判孔子的，從漢到清，共有幾人？縱有幾個叛逆，骨子裏還是儒生。我們的傳統，不是批判前人，而是闡釋前人。用自己的方法，為前人的著作作疏作注。牛頓說自己是站在巨人肩膀上，所以看得更高更遠。中國人不敢與巨人比肩，只能跪在巨人的腳下，巨人既已立說，自己唯有拜讀；巨人既已作古，自己唯有繼承先人遺志；巨人已有規範，自己只能循規蹈矩，做模範學生。

如此這般，必定與創新越走越遠；這般如此，要想創新，真比登天還難。不是後人沒這能力，而是自己鎖住自己的兩隻腳，想要跳躍，也不能夠。

創新始於批判，批判始於懷疑。哥白尼如不懷疑地心說，哪裏會有日心說出現。塞爾維特若是迷信傳統，就不會對血液循環產生興趣。

所以波普有一個觀點，他說科學不是證真，而是證偽。科學的出發點，是證明哪些東西不科學。批判「偽」的，揭穿「偽」的，「偽」的迷霧散去，真的面目才能展示出來。

但批判的目的是為了創新，否則，批判的意義便大打折扣，或者說，批判的任務沒有完成。能證明前人錯了，自然是偉大的進步，但要找到對的，才更對得起前人。

第四，科學普及與職業素養。

　　科學普及，又稱科普，說著順嘴，落實頗難。其中一個原因，是中國缺少科學傳統，因而缺少科學成長的土壤。比如你和中國人講《三國演義》，沒幾個人不知道，再不濟，也知道魏、蜀、吳，劉、關、張。你和中國人談《西遊記》，同樣盡人皆知，誰不知如來佛、觀世音和孫悟空呢。和中國人講武俠小說，算你找對了朋友，舊武俠已是四海傳播，南俠北俠，雙俠小俠，誰人不曉。現代武俠小說尤為青年人的寵物。過去說「開卷不講紅樓夢，縱讀詩書也枉然。」現在是開言不談金大俠，縱有文學也白搭。所以王朔一「罵」金庸，金庸本人倒沒有怎麼樣，大河上下，長江南北，站出來擋橫的人不少，大有「你罵金庸我罵你，看你小子還痞不痞」的勢頭。

　　就是和中國人談吃、談喝、談玩，也都有對象。但講到科學，就沒那麼大的福氣了。老年人生在戰爭年代，想學科學沒條件。中年人長在動亂或運動年代，想學科學，沒機會。青年人長在改革開放年代，總算有條件了，但看實際情況，還是什麼賺錢什麼有吸引力。一提到家庭教育，又馬上想到文學、藝術、少年活動班。辦的班雖多，還是實用類、藝術類更受歡迎。夜大開設各種專業，也是跟著潮流走，你想辦科普講座，或者少年科普班什麼的，那上座率常常令人擔心。

　　科普是造就科學發達的土壤，科普備受冷遇，說明在我們的國度還很缺少科學精神。聯想到我這一代人的童年，雖生活在最貼近大自然的華北農村，但科學傳播實在少而又少，盡是些屎殼郎變唧鳥兒，老鼠吃鹽變蝙蝠的奇談怪論。

　　直到今天，我們中國人喜歡奇談怪論的興頭，遠遠高於喜歡科學技術的興趣。所以那些水變油式的彌天謊言才有市場，而且可以

騙很多人。那些看風水，相面之類的江湖術士，則成群結隊，聚集在寺廟觀院附近，那些神吹胡侃的神醫和號稱千里之外能呼風喚雨的氣功師，才像割不完的韭菜一樣，去了一茬又是一茬。

沒有適當的土壤，怎麼會有鮮花芳草，同理，如果科學總不普及，那麼科學家的成長就缺少搖籃，所謂科學精神云云也缺少傳播的載體。

科普不是小事，氛圍尤為重要。對於門外人而言，求知心，就是自學之心，而且學習科學應列在首位。別的讀不懂，那麼，就讀《十萬個為什麼》好了。那確實是一部好書，而且歷時彌久，價值彌珍。

身為科學界中人，更有宣傳科普的義務。不但有義務，更應該表現出宣傳的興趣。走到那裏，說到那裏，那才是真的科學人物。彷彿一位戲迷，站也是戲，臥還是戲，離開戲便渾身上下不舒服，見戲發燒 40℃，那才可以稱迷。

更多的人，是在燒與不燒之間，那麼，就活到老，學到老吧。何況，即使是大科學家，科學還在發展哩！科學的學科還多得很哩！懂得越多，對於自己的科學生涯，好處愈多。唯永不滿足者，始可稱為有了一顆求知心。

還有職業素養。職業素養，並不直接與科學相關，但自近代以來，尤其是 18 世紀工業革命以來，職業訓練，成為人們謀生的必由之路。因為近現代企業科技含量越來越高，工業化程度亦越來越高。當個傳統農民，要什麼職業培訓，當個手工業者，只要師傅領進門，餘下的就是「修行」靠個人了。但工業時代，要求從業者具有必要的職業技能和職業素質，否則，你不能勝任自己的崗位。

學習趕牛車無須進學校，但學習開汽車，就得進駕校，學習開飛機就必須進航校，學習航太技術，一般的航校還不能勝任吶！

　　進入 20 世紀中葉之後，交叉學科盛行，邊緣學科興起，一個人只懂一種技術都不夠了，只埋頭於一個研究方向的科學家也有些落伍。從近幾屆諾貝爾數、理、化與醫學的獲獎者的情況看，只靠一項發明就得獎的情況已經成為過去。這就是說，隨著資訊時代的來臨，人們的職業素養不是要求更低，而是要求更高了。

　　我有一個信念，而且我常常要講起這個信念，我覺得，到了那麼一天，中國的數億個家庭，每個家庭都能貢獻一位工程師的時候，中國的現代化就指定實現了。到了那個時候，中國的文明，還會插上新的翅膀，在新的歷史時空下，重振雄威，再度翱翔。

3.有美無窮幸福心

　　理性與科學是車之兩輪，鳥之雙翼，那麼，再加上幸福，則構成三位一體，庶幾功德完滿，大器可成。

　　這裏同樣討論四個方面的問題。

其一，追求幸福，天經地義。

　　在上一節，討論人生的情感運算式時，本書重點討論了快樂問題，認為快樂是現代人生情感的主旋律。然而快樂離不開幸福，快樂與幸福，同命相憐，惺惺相惜。沒有幸福，難以快樂，一片痛苦，想樂也樂不成；沒有快樂，又怎能幸福？所謂家有千萬，買不來快樂一晌。君不見《人蟲》中的老房蟲乎？錢是真賺的不少，但他幸福嗎？太不幸福了。所以人不但要追求快樂情調，而且要追求幸福生活。

　　追求幸福天經地義，但在相當長的時期，我們中國人把幸福政治化了，道德化了，理想化了。

所謂政治化，是一說幸福便聯想到革命。說什麼是幸福？革命才是幸福。革命並非不幸，但不能把兩個不同範疇的事情混為一談。革命自有革命的內在動力，它不是外加的，你想革命，革命就來。當社會不需要革命的時候，你胡革亂革，就是給歷史添亂。比如「文化大革命」，就是一個大事例，侯寶林先生說得幽默，他說「文化大革命」應該叫大革文化命。大革文化命，還有幸福嗎？

就是真的革命，也不能與幸福混為一談。混為一談的結果，是既對革命無益，又於幸福有害。也不能把幸福道德化。所謂道德化，即認定唯有符合道德的才是幸福，與道德不發生聯繫的，就不是幸福，這個又錯。

這裏作個比喻。比方兩個人生活在一個世界上，對幸福的理解，可以有四種形式：

A.我好你也好；——主觀理解為：我為我好也為你好；

B.我不好你好；——主觀理解為：為了你好，我寧可不好。

C.我好你不好；——主觀理解為：為了我好讓你不好；

D.我不好你也不好；——主觀理解為：我不好也不讓你好。

依照幸福道德化的理解，只有第二格式才可以進入幸福的範疇，為了你好，寧可我不好。但這不一定正確，如果硬說它正確，也只有在為了你的幸福，寧可犧牲我的幸福的犧牲精神這一點上還似有可取之處。然而，也有度，超過了度，就只剩道德，沒有幸福了。

比如說，為了你生活幸福，我甘心一輩子不幸福。聽起來很高尚，實際上有偏頗，你讓別人幸福了，可你本人老受罪，比楊白勞還苦，比竇娥還冤，比趙光腚還缺衣少穿，人家能看著你不聞不問嗎？就算不聞不問，人家能心安理得嗎？如果人人像您一樣，照您的哲學，為了救您，甘心去當楊白勞，受竇娥冤，做趙光腚，這樣的邏輯可以成立嗎？

　　我贊成第一種格式，而且認為那也是符合道德的。我好你也好，你先好可以，你比我更好也可以，但不能你先富起來之後，便永遠富下去，於是成了黃世仁，我等小民無福，只剩下作楊白勞的份，甚至於還要把女兒也送出去。如果那樣，寧可幸福不要，也得來場革命。

　　當然，我也反對為了我好，讓你不好，這其實也有悖於幸福的本質。幸福不見得非建立在道德的基礎上，但是肯定不能建立在反道德的基礎上。個中道理，不言自明。更壞的就是那種我不好你也不好的模式，然而，此種光棍選擇已與幸福無關。

　　所謂理想化，即把幸福理解為只是未來的事。

　　為著子孫後代的幸福，讓我們艱苦奮鬥吧，英勇犧牲吧。為著後人的幸福而捨棄自己的幸福，是無比高尚的；但當它成為一種終身追求或社會整體追求時，又是不負責任的。所謂不負責任，即不是真的對子孫後代負責，更不是對號召對象負責，其後果是，後代子孫的幸福沒有造就，連這一代的幸福也給耽誤了。

　　先把國家建設得無限美好，狀似天堂，雖然自己這一輩人吃點苦頭，到子孫之輩，便請他們進入「天堂」去生活。遺憾的是，這種美好願望不過是一個大大的泡沫罷了。以我們的親身經歷看，我們可愛的前輩們除去在生孩子這一點上確實超過後人，超過洋人，甚至超過前人（不是因此他們生得多，而是存活率高了）以外，並沒有給後代子孫們留下什麼像樣的財富。別說財富了，一些地區的農民連粥都快喝不上了。什麼「樓上樓下，電燈電話」，想買個電視都得憑票，都得挖空心思走後門，想安個電話──你級別夠嗎？你貨幣夠嗎？你關係夠嗎？三不夠，一邊涼快著去吧！

　　幸福生活是實實在在的，是漸進的。好比一座山，你添一點水，我添一塊石，日積月累，成了山了；好比一條河，這裏引一點水，那裏泵一點水，點點滴滴，積少成多，超過某一個限度時，成了河了。

　　昔日的領導者，內心確有極其巨大的規劃，他們下定決心，不但要領導這一代中國人走向勝利，而且要領導下一代中國人走向勝利，還要一代一又一代領導下去，直到達到共產主義這樣的理想社會為止。

　　然而，他們忘記了，沒有人可以領導那麼長的時間，也無法預測那麼遙遠的事情。更何況，一代人的幸福都解決不了，若是有點現代觀念，早該離職退位，到台下反省去了。

　　作為一個人，如果連自己的生活溫飽問題都解決不了，那麼，他說的後代幸福云云，就不可靠。您自己還餓著呢？想著您兒子天天吃肥雞大鴨子，那不是做夢嗎？您自己連生活費都掙不夠，年年歲歲，緊緊巴巴，想讓兒子去美國消費，去黑海避暑，去巴西看水庫，去非洲騎大象，無異於做白日夢了。

　　幸福的夢可以休矣，今世盧生快些醒來。這裏說的幸福，是個人的，生活的，此在的。

　　首先是個人的。我工作，我幸福；我享受，我幸福；我創造，我幸福；我快樂，我幸福；我鍛煉，我幸福；我生活，我幸福。毛澤東有一句話：要知道梨子的滋味，就要親口嚐一嚐。要知道幸福的滋味，也得親口吃一吃。如果我連幸福的滋味都沒嚐過，卻幻想給別人帶來幸福，老天爺在上，誰知道您給後人帶來的是什麼貨色，是甜瓜，是苦瓜，是酸瓜，是澀瓜，還是一個有毒的瓜呢？

　　自然，個人幸福不是排它的，但自己應該是其中的一員。一個家庭，就該講闔家歡樂，一個集體，就該講有福共用，一個國家，就該講按勞取酬。人在幸福之中，奮鬥更有動力。

　　幸福是生活的。幸福不能只是一句口號，連一句口號都不是，更不能是無窮無盡的口號了。幸福本質上只與生活有關，或者說生活是幸福的第一基礎。天崖海角，且不詳論，來日方長，也不管它。幸福不聽大道理，先講柴、米、油、鹽、醬、醋、茶。

要做飯，有柴燒──有煤燒──有液化氣罐──有天然氣嗎？

要吃飯，有大米──有白麵──有雜糧──有麵包──有牛奶嗎？

要炒菜，有豆油──有香油──有蔬菜──有魚、有雞、有肉、有海鮮嗎？

要吃鹽，加碘了嗎？要吃醬，合乎衛生標準嗎？要吃醋，有山西老陳醋嗎？要喝茶，有西湖龍井嗎？有君山毛尖嗎？有太湖碧螺春嗎？

孟子云：「口之於味，有同嗜焉。」連味都聞不到，哪有幸福呢！

幸福是此在的，幸福不是白天的雲，晚間的星，看是看得見，摸卻摸不著。幸福是生活性的，點點滴滴，要落在實處。既要看得見，更要摸得到。夏天過得涼爽嗎？冬天過得暖和嗎？飯菜能夠如意嗎？家務是否太累呢？也許在那些「左爺」看來，這些都是些瑣事，沒一件可以登大雅之堂的。但我要說：「左」爺之所以發左論，因為他們首先是既得利益者，或者是別有用心者。他們的工資要比老百姓高哩！他們的住房要比老百姓好哩！他們出門要坐汽車哩！他們高興了或不高興了還會用「思想棍子」打人哩！然後唱唱左論，談談理想，好不美哉。

我說的幸福是現實的，而且是不斷豐富的，永無止境的。比如有土屋，有樓房，問我住什麼，我住樓房。有樓房，有別墅，問我要哪個，我要別墅。看著別墅，偏要樓房；看著樓房，偏住土房，這人若非別有用心，準是染上了什麼貴恙──別耽誤病情，快去醫院找大夫吧！

其二，能掙會花，享用生活

幸福離不開錢吶！所以要討論能掙會花。

能掙是前提，會花是動力。你不能掙，沒錢，當今之世，活著也許還湊合，想幸福就困難。但市場經濟的好處在於，只要你努力，就會有機會；只要你能把握機會，就有在收益上產生飛躍的可能。

計劃年代，一個工人，幹一輩子，也就是八級工了，再想多掙，沒這「計劃」了。一個教授，最高也就是特級了，特級教授一年能掙多少錢，也不過幾百塊錢罷了。

市場經濟則不同，一個人抓住機遇，一夜之間，變成百萬富翁，也是可能的。一個人的年薪達到二三十萬，五六十萬，也不新鮮。

但競爭也殘酷，弄不好，就會丟飯碗，失業，或者打一槍換一個地方。越換越如意，當然是好，只怕越換越不順心，像某些足球運動員們的，牌子高掛，沒人摘你，可就慘了。所以能掙雖然是前提，並非易事，為著幸福，請迎接挑戰。會花也不易，濫花不是會花，不花更不是會花，連花銀行的錢都不會，可憐見的。——明明可以貸款，你為什麼不貸呢！

有笑話說，二位老太太，一個美國人，一個中國人。美國人貨款買房，住了一輩子，到了晚年，終於歎一口氣，說，總算把貨款還完了。中國老太太，一輩子攢錢，到了快去「那邊」的時候，也歎一口氣，說，總算住上新樓了。這兩個人，哪一位會消費呢？能掙會花，掙是為生活享受打基礎，花是享用生活的一種表現。

享受生活，也不容易。中國人有一句話，叫作沒有受不了的苦，只有享不了的福。究其原因，還是我們祖祖輩輩，窮慣了，窮怕了。

窮慣了，是說窮出了慣力，想剎車都剎不住，所以有福享時，反而吃不消它。

窮怕了，是說窮的心理方面出了毛病，面對窮困還能應付，一朝面對幸福，反而手忙腳亂，沒有正經擱置處。

享用生活，其妙無窮。別的不說，只說人的著裝。極左年代，普天之下，儘是灰、藍、黑，男人也是灰、藍、黑，女人還是灰、

藍、黑。現代人，可以盡情盡意地打扮自己，那情形，彷彿一個人
變成了幾個人。

白天一個你，晚上一個你；

工作一個你，休閒一個你；

學習一個你，運動一個你；

盛會一個你，小聚一個你；

以至春天一個你，夏天一個你，秋天一個你，冬天另是一個你。
你固然是你，但裝束變了，形象變了，風格變了，情調變了，千變
萬化，好不幸福。享用生活，沒有止境，以作者今天的眼光看，生
活的享受，至少應包括這樣的方面：生活的長度、生活的深度、生
活的適度、生活的酷度。

所謂生活的長度，既不封閉自己，而且有世界的興趣，開放的
眼光。現代人親近大自然，休閒之時，逛公園也是親近大自然。他
如果一輩子隻知道在公園，就沒有長度了。除去公園，還要去名山
大川，除去國內的旅遊勝地，還去國外走一走，看一看。

旅遊自然有長度更好，但長度包括的內容又不僅旅遊而已。
比如服裝，中國的服裝之外，日本的服裝也可以試一試，歐洲
的服裝又可以穿一穿。名牌流行於世界，選擇名牌，需要世界性
眼光。

所謂生活的深度，是不能只講溫飽，前人所云：「乾柴細米不
漏的房」，「好吃不過餃子，舒服不如躺著。」以及「三十畝地一
頭牛，老婆孩子熱炕頭。」這個也是理想，但不算什麼大理想。換
個說法，叫作沒有深度。

享用生活，不能盡享，但找到最適合自己得時，便一個筋斗翻
出去，看看天有多高，或一個猛子鑽進去，看看海有多深。作者年
輕的時候，有時候路過北京飯店或釣魚台這樣的地方，也想進去看
看，但轉而一想，這不是咱平頭百姓去的地方。現在想來，邏輯錯矣。

不管你幾星級客館，或者什麼特殊的所在，凡中國公民應該都有權力去參觀去享用。咱們是堂堂正正的中國公民，咱們不去，讓誰去呢？

生活的享用無止無境，盡享生活，才知道人生價值重，寸寸光陰都是金。

所謂生活的酷度，是說活得有個性。平平庸庸不能算酷，人云亦云不能算酷，傻子過年看隔壁，不能算酷，只知吃、喝、不辨美味更不能算酷了。

酷這個字大有來頭，它顯示的是一種很個性化的角度。

因為個性化，所以能享受到別人享受不到的樂趣。在一定程度上說，不但是學問，而且是創造。

牛仔褲風行世界，但想當初，那也不過是一種耐磨耐用的工作裝罷了。世界上第一個敢於不把仔褲作工作裝，而當作流行服裝對待的，那就是「酷」。

羊肉有多少種吃法，爆羊肉、炒羊肉、燜羊肉、涮羊肉、烤羊肉，但敢於把一個整羊拿到席面上來的，就不同凡響，而第一個想到這吃法而且這樣做了這樣吃了的，那也就是酷。

人沒翅膀，無翅不能飛。雖然多少人想飛，多少人夢見自己會飛，多少小說寫神人怪物，滿天飛舞，但弄來弄去，兩腳還在地下。唯有萊特兄弟，不但想飛，而且發明了飛機，從此為人類的生活加上了翅膀。敢於上天的萊特兄弟，就是「酷」。

所謂生活的適度，是講舒適，講閒適。

舒適，已然不易，真把一座賓館佈置得柔光麗彩，清甜如醉，已然很難。所謂「賓至如歸」，常常是一個口號，一種追求。一個家庭，能把它安置得聞之若香，品之若怡，思之若夢，安之若素，也不容易。誰不知道，坐著舒服啊，但能找到一把讓臀部高興的椅子容易嗎？誰不知道眼鏡不但要好用，而且要好看，真能選一副又好用又好看的眼鏡容易嗎？誰不知道人生睡眠極其重要，所謂「睡

是金，吃是銀」，但買到一張真正合你芳心合你玉體的舒適的床，同樣十分不易。

不但舒適，還有閒適。忙是人人有的，不會有條不紊，還不會手忙腳亂嗎？閒卻不是人人會的，很多人忙時還好，閒時不免發愁發呆，手也沒處擱，腳也沒處放，手腳無措倒也罷了，心閒難熬如遇無物。

能休閒，會休閒，不但休閒，猶能心閒，休閒使人快樂，心閒使人安穩，這就成了一種境界。

這樣說，並非誇張，能把休閒作成一種境界的，閒中得趣，閒中得樂，休息人生，涵育生活，此等境界，無論多，無求多，但能親嘗、親歷，也算沒有白到這人間走一回。

其三，真愛無邊，溫暖人間。

幸福生活，沒有愛是萬萬不能的。所謂幸福心，在一定程度上說，首先是愛心。人間有真愛，世上幸福多。

愛是一種給予，愛是不求回報的，愛是無條件的，這些，明明白白，都是真理。

現代人講自我，不是講自私。自私是只顧自己，不顧別人。自我是明白自己存在的價值，因為明白自己的價值，才愛得更真，愛得更切，愛得更好。

愛，不僅僅是指愛情，但愛情顯然是一切愛中最刻骨銘心的一種。沒有這樣的愛，人生就不完整。雖然生了，活了，幸福了，但遺憾也大。

愛不僅僅是愛情，還包括愛親人，愛友人，愛他人，愛民族，愛國家，愛自然界，愛人類。有愛心與沒愛心的區別在於，愛者，能用愛的眼睛看世界，能用愛的情感感知世界。否則，世界與人之間，他是他，你是你，雖然朝夕相處，不啻相隔萬里。

愛不是自私的，但並非只是給予，只管奉獻。除去愛人，還有自愛。自愛同樣重要，或者更其重要。一個人如果連自己都不愛，那麼對於他的愛別人，就該加以分析。自愛而愛人，愛人而自愛，這樣的狀態，愛的天平才能穩定。那種過於極端的觀點，若非是特殊情況下的特殊表達，就有矯情，煽情的嫌疑在。

愛是一個古老的題目，有時候，不掛在嘴上你估更高，一講出口難一免俗。其實，各個歷史時代，都有自己的愛的方式，愛是人類永恆的主題，但愛的方式都隨歷史的變化而變化。

現代人，講愛，也講瀟灑。二者統一的方式，就是讓愛為生活添光添彩，但生活卻不受愛之所累。如果這愛太沉重了，那麼就割捨它；如果這愛太艱難了，那麼，也割捨它；如果認為這愛犧牲太大了，那麼，又割捨它；如果這愛已經改變方向或者改變性質了，那麼，還是要割捨它。

現代人的愛，可能是以身相許的，也可能是光彩只在一瞬間的；可能是天長日久的，也可能是日新月異的。只要愛在，便可以生龍活虎，至於其表現形態如何，就看緣份了，就看機遇了，就看個性了，就看各自的命運了。

愛能活潑如此，是得了自由之身。

其四，生活品位，格調精神。

品位是一種追求，是一種情趣，也是一種生活態度。

同為莎士比亞筆下的人物，馬克白斯就沒品位，哈姆雷特就有品位；夏洛特商人就沒品位，鮑西婭就有品位。

同為曹雪芹筆下的人物，焦大就沒品位，賈寶玉就有品位；趙姨娘就沒品位，林黛玉就有品位；賈赦、賈珍就沒品位，柳湘蓮、蔣玉涵就有品位；賈雨村就沒品位，甄士隱就有品位。

　　同為古人，樊噲就沒品位，張良就有品味。這不是說，因為樊噲屠夫出身，我們就歧視他，而是他的表現，雖然忠勇，卻又粗魯。鴻門宴上，使劍執盾，生吃豬肉，快哉快哉，但不雅觀。遠不如張子房運籌帷幄之中，決勝千里之外。熟讀兵書，廣攬英雄，九里山前，萬千軍中吹洞簫亂敵軍，風流倜儻，曠世絕倫。

　　三國人物流傳千古，那張飛就沒品位，曹操就有品位。張飛也愛才，但他本身不是雅調中人，好酒貪杯，又愛打人，雖然粗中有細，畢竟是個粗人。到頭來，還是讓人把黑頭剁去。曹操雖稱奸雄，卻有雅量，不但有雅量，而且文章也好，詩歌更好，且終生讀書不倦，那一種英雄豪邁的風流，同樣橫空出世，曠世絕倫。

　　品位有時代之別，格調有時尚之變。但真能做到有品位，有格調，卻絕非易事。西方人說，三代人才能出一位紳士，信哉斯言也。

　　一代人可以打江山，三代人可以出紳士，不是斯言大謬，而有事實為徵。西方創業人物中，有一位查理曼大帝，他就不夠一個紳士；二次大戰中，又有一位巴頓將軍，他也不夠一個紳士。

　　中國歷史上，凡開國皇帝，多數有為，其中的傑出者，堪稱大有為。然而，說到紳士二字，卻又該退避三舍。趙匡胤是個雄才，但不是紳士。朱元璋出身草莽，奇才異志，也不是紳士。就是大清王朝的第一代奠基者努爾哈赤，也不夠一個紳士。開國皇帝，代表的只是功業，紳士代表的卻是一種文明。

　　講品位，講格調，當然要有經濟基地，但不是有錢就能格調的。現在一些暴發戶，錢不算少，品位不怎麼樣，格調談不上了。再名牌的衣服穿在他身上，也不是那麼一回事。不是這名牌不好，而是名牌配人，需要文化作支撐。

　　品位與格調，需要內、外兩大因素。內要有素質，外要有追求。只有外在的追求，頂多是像，但絕不是「真」。一些人追求雅調，結果，越追越彆扭，覺得路也不會走了，話也不會說了；沒幹活，

先出汗；沒見人，先害臊。還是扔掉名牌，光著脊背來得痛快，還是叼著煙捲來杯熱茶來得酣暢。此無他，因為你「俗」慣了，俗出慣性來了，一入文明之軌，便有些疙疙瘩瘩，很不自在。

但有向善之心，就該鼓勵，就算你夠不著紳士的標準，將來能培養出一個小紳士，也是好的。

品位與格調，不但表現在吃上，穿上，住上，用上，尤其表現在精神活動中。有品位的有格調的，必定懂得快樂，懂得幽默。快樂是文明生活的主調，幽默是文明生活的情趣。

現代人喜歡幽默，反對生硬。現代人如果煩了，他會大叫「沒勁」。這事一沒勁，就不值得幹了；這朋友一沒勁，就不值得交了；這人一沒勁，就不值得理了。

追求品位，追求格調，一言以蔽之，就是一個「美」字。

現代人要生活得好，只有真不行，只有善不行，還需要美。所以，當一個家庭的生活水準達到一定程度時，他就自然會想到聽音樂，辦舞會這樣的雅情雅調。客廳裏要放一架鋼琴，牆壁上要掛一幅字畫。或者打打高爾夫球，參加馬術俱樂部；既要開始家庭藏書；又要辦點文學沙龍了。

這不是附庸風雅，而是格調一開，水到渠成。

五、素質、風尚與教育

　　以上三節，分別討論了健康、快樂與理性，這三個方面都屬於「生」的本體性問題。以下三節，分別討論保證這些本性要求得以實現的基礎性問題。其中素質這一項，處在本體與基礎之間。素質本身是本體性的，但它又是保證「生」的健康、「生」的快樂、「生」的理性的基礎性因素。放在這裏敘述，可能更方便些。

1.素質——生的基礎

　　素質是可以量化的，但現在還做不到。因為中國大陸的相關部門這幾年剛剛注意到應試教育已經過時，素質教育十分重要。剛剛開頭的事情，你想量化，積累的經驗不夠。

　　不能量化，可以結構化。素質本身便是一個結構，一個有機的結構。

　　結構方法，在我看來，是一種非常重要的方法。

　　比如本書前面講的健康、快樂和理性，也可以看作一個結構。如果每項內容，都以 10 分計，那麼，全結構 30 分，是最理想的了。如果不行，那麼第一項，5 分——有健康，沒健美；第二項 8 分——比較快樂，尚有遺憾；第三項，6 分，比較理性，不甚理性。那麼，也算一個不錯的結構了。

　　構成最好結構的條件是：各項基本因素都能達到比較高的水平。

構成合理結構的條件是：各項基本因素都能達到合格標準。

如果有一項基本因素達不到合格標準，那麼就是有重大缺陷了。

如果各項基本因素的水準都比較低，這結構的性質將向負面轉化。

如果哪項基礎因素處在特別低劣的水平下，那麼這個結構就會發生質變乃至惡變了。

比如「生」是一個結構，但健康極度惡化，那麼這個結構的生命快停止了。同理，健康情況雖好，但情感結構極度惡化，不但沒有快樂，而且全是恐怖，那麼，這個結構的性質同樣會發生質變。即使健康與快樂這兩個指標還可以，但理性指標太差了，瘋頭瘋腦，理性全無，那麼，健康再好，也是白搭，而且斯人越是快樂，對於他人而言，越是災難。

構成良好素質的，應該是一個合理的結構形態，按照通常的說法，在德、智、體、美諸方面，都應該均衡發展──均衡發展，素質必備。

考慮到中國大陸還處在歷史發展的重要關頭，中國的改革開放正處在歷史發展的重要關頭，中國的市場經濟同樣處在歷史發展的重要關頭，因此，與其說結構，不如說觀念。其中四個觀念，我認為尤其重要。

（1）公民觀念

中國自古以來，最缺少的就是公民觀念。傳統觀念發達，可說應有盡有。比如孝道，現代中國人中，雖然不能說沒有不孝之人，但中國人與其他任何一個民族相比，絕對不能說缺少孝道。

孝道不缺，集體主義不缺，愛國主義不缺，民族主義不缺。不但不缺，有時還講過了頭，講得天昏地黑，連講的人都找不到東南西北。

然而，公民觀念，薄弱得很，淡漠得很，稀少得很，可憐得很。

因為缺少公民觀念，所以我們常常不知道自己的權利，我們身為中華人民共和國公民，到底應該有哪些權利。

因為我們不知道自己應該享有哪些權利，所以不免見到官就腿軟，見到權力就緊張，以致於直到今天，還分不清是權大還是法大，是民大還是官大。

因為我們不知道自己享有哪些權利，所以不免事事求人，而且總覺得自己在求人。員警保衛了我們的人身安全，我們要千恩萬謝；政府官員送來救災款項，我們同樣千恩萬謝。自己太太的戶口進了北京，同樣對領導對有關人士千恩萬謝。我不是說，員警保護了我們的安全，我們就該洋洋不采，不是這意思。我只是說，我們身為國家公民，理應享有安全權、生活權、遷徙權、社會保障權、醫療權、言論權、出版權，等各項權利。因為我們不知道有這些權利，所以一旦享受到了其中的某項權利，就像別人恩賜的一般。

因為我們缺少公民觀念，所以我們也常常忘記我們該盡的義務。比如有義務獻血，有義務救助他人，有義務遵守各種公共交通秩序，有義務照章納稅，有義務保護環境，等等。

權力與義務是不可分的，相比之下，因為缺少權力觀念，必然造成義務觀念的淡薄，或者義務行為的缺失。

你不給我權利，我就不盡義務。雖然這觀念依然是非公民化的，但究其原因，似也情有可原。

（2）市場觀念

市場經濟，對於我們大陸中國人而言，是個新事物，而且是事關生死、事關人生幸福的新事物。

中國古有商業，但沒有完整的市場經濟。中國古代商業，只在彼時的社會生活中起輔助性作用。

今天的市場經濟，代表的是一種社會體制，經濟體制和文化體制，它對於我們中國大陸人而言，是真正史無前例的。

市場經濟重要，而且唯此唯要，我們除此沒有第二條路可走，對此，我在拙著《民間視點——中國現進行時》中有專門的議論。

市場經濟又帶來諸多問題，比如經濟蕭條問題、失業問題、貧富不均問題等等。應該說，經濟蕭條不是經濟的本性，但因為生產過剩而造成的經濟蕭條，亦是題中應有之義。

失業也不是市場經濟的代名詞，但市場經濟難於根除失業，至少歷史經驗如此。在市場經濟的大湖中，中國人遇到了許許多多從來沒有遇見過的新情勢：

我們中的一些人，從來也沒有見過這麼多的錢，從而，其中一些人便成了錢的奴隸，甚至無錢不犯罪，有錢就犯罪，所謂男人有錢就學壞，女人學壞就有錢。

我們中的很多人，從來沒有經歷過這麼頻繁的體制變化。一會兒是優化組合，一會兒是承包責任制，一會兒是轉制轉產，一會兒是買斷企業產權，一會兒是下崗待業，一會兒是一次付費與企業徹底脫鉤，一會兒下海，一會兒上岸，一會兒奔東南，一會兒奔西北，可說眼都花了，心都亂了，有的「亂」中取勝，有的沮喪之極。

我們中的很多很多人，從來沒有見過這麼多的惡性案件。今天聽說孩子被劫，明天聽說銀行被搶，後天聽說鬧市槍戰。於是家家戶戶，安防盜門，安防盜窗，安貓眼，安對講機。雖在太平時代，卻缺少安全之感。

我們中幾乎所有人，從來沒有想到過會有這麼多的貪官，又沒有想到會有這麼大的貪官，更沒有想到貪污的數額竟達到天文一般的數字。

如此等等。

為著生存,我們必須正視市場經濟對我們的挑戰;而且我們不僅應該學會應戰,還應學會在市場大潮中游泳,且不斷提升水平,作個樂此不疲的弄潮兒。

(3)科技觀念

我在前面講到求知心。求知心與科技觀念息息相關,但二者有區別。

所謂科技觀念,不僅包括應具有必要的科技知識,專業知識和職業素質,而且對中國科技史有充分的瞭解,對世界科技史同樣有相應的瞭解。

知道科學技術對人類的巨大作用,知道中國科學事業、技術發展為什麼曾經領先,又曾經落後,以及我們應該具有怎樣的文化心態和科技對策。

不僅瞭解科技史,而且瞭解世界科學研究與技術發展的最新成果。知道什麼是相對論,什麼是量子力學,知道新科學、新技術包括哪些重要的領域和內容。

一是知古,二是知今,三是知進。知道我們這一代以及我們一代一代身上的科技責任。

孔夫子曾感歎好德不如好色。我想如果現代中國人能夠像對待愛情、對待情人那樣對待科學,對待技術,或者像古代士人對待道德一樣對待技術,對待科學,那麼,21世紀的中國,希望就大了。

(4)藝術觀念

藝術觀念看似一個輕鬆,但與人的素質息息相關。

　　一個人儘管在方方面面都可圈可點，就是不懂藝術，那麼這個人一定不是淑女，一定不是紳士，一定不是一個有趣的人。人生無趣，算什麼人生！

　　科學使人智慧，道德使人真誠，藝術使人可愛。

　　人之為人，如果不可愛，一定很可怕，或者說很恐怖。這不可愛的人，甚至比缺少知識的人更恐怖，比缺少教養的人還恐怖。

　　然而，藝術涵養，是潛移默化的，不是你聽過三場音樂會，或者參加過兩次雕塑比賽，就懂得藝術了。

　　藝術讓人享受，但藝術氣質，要如春風化雨，點點滴滴，靜靜而來。

2.青春──生的風尚

　　人的一生，分為兒童、少年、青年、中年、老年好幾個階段。

　　這裏說的青春──生的風尚，是說，一個充滿朝氣的社會，應該特別熱愛青春，尊重青春，嚮往青春，珍視青春，使青春成為社會生活的主旋律。

　　但這樣的時尚，在中國歷史上，如果不是根本沒有的話，至少十分罕見。大約只有在戰爭年代，才是青年人大顯身手的時候。如三國時代，曹操、周瑜、孔明、馬超，當他們事業方興未艾的時候，個個都是青年人。

　　中國民主革命年代，也是如此。林彪在平型關大捷時，不過30歲，彭德懷指揮百團大戰時，也不過40歲出頭。但縱觀中國歷史文化，我們卻是一個老年性國家。不是人人長壽，活得特別老，而是以老年文化作為社會的指標，合乎這文化的，歌之，頌之，扶

之，助之；不符合這文化的，打之，壓之，逼之，迫之，非把他弄成小老頭或者小大人，別人才舒服，社會才滿意。

孔夫子說：「吾十有五而志於學，三十而立，四十而不惑，五十而知天命，六十而耳順，七十而從心所欲，不逾矩。」

孔子是聖人，聖人壽長。到了七十，進入自由境界了。但中國人的生命，直到 20 世紀四五十年代，平均壽命，不過四五十歲，活到七十歲的，已是鳳毛麟角，有聖人的境界，更罕見了。

因為這文化尊崇老年，以老為尊。所以我們看中國的歷史，總是瞻前顧後，總是四平八穩，總是求和有術，總是經驗之論，總是安步當車，總是老生常談。中國歷史上的改革家，命運十分可悲，這當然不是唯一的原因，卻是主要的原因之一。

以青春為時尚，不是不尊重老人，而是讓生活節奏快起來，讓生活追求新起來，讓社會心態靚起來。

舊的傳統，是讓一切人向老年人看齊，教育孩子，也讓他少年老成，男青年既不能「瘋」女青年更不能「瘋」。一瘋，什麼三從四德，全亂。就是你做得再好，也沒戲，再孝順公婆也沒戲，因為公公婆婆一看你這瘋樣，就不免皺眉閉眼，腦仁直疼。

現代人，喜歡「瘋」。「瘋」在某種程度上代表了青春。

越薇就是個「瘋」的形象，雖然很多人看不慣，但她在青少年那裏很有人緣。

青年人瘋起來，讓青春活得像青春。

老年人「瘋」起來，就穿青年人的衣服，參加青年人的運動，講青年人的笑話，然後體會一下，這心態，怎麼樣？

作者大發「瘋」說，並非僅僅是「老夫聊發少年狂，」而有事實為證。

1998 年，美國時年 77 歲的宇航員約翰·葛蘭就已經成功地重返太空。

77 歲重遊太虛境，這境界怎一個「狂」字了得？

以青春為時尚，最重要的好處之一，是能多出人才，快出人才。老年時尚，必定論資排輩，青春時尚，容易人才輩出。很多新的崗位，實際上，並不適合老年人，如現在的資訊業、服務業、旅遊業，這些青春行業，沒有青春便做不來。

現在中國大陸的電視節目主持人，年輕的多。有人反對，有人遺憾，說西方電視節目的主持人，多是四五十歲的中年人，因為他們知識多，閱歷廣。這倒也是，但我認為，青春自有它的妙處，雖然知識不夠多，閱歷也不夠廣，但他們形象靚麗，風格活躍，言語快捷，一呼一吸都充滿活力。這形象，這狀態，這風韻，這情調，很適應正在改革開放的中國時態。

就算少些知識，卻又怎的；少些閱歷，卻又怎的。

3.教育──生的導師

教育是人生的師長──說師說友都不太現代，最好成為人生的師長。

人生不能無師，然而，要看這是一位什麼樣的老師。先生頭腦清明，學生聽著也明白。先生的學識處在世界領先水平，學生學著也有精神。倘若先生自己就不明不白，「以其昏昏，使人昭昭」，你自己都拎不清理不明白，想把學生教明白，難矣。除非這學生是魯迅，不上中文系，也能寫小說。

縱觀中國大陸的教育現狀，有大發展，也有大缺限。最大的缺限，是改革力度不夠，是應試教育影響惡劣，而且改變很難。

現在大家喜歡議論，中國大陸學生負擔太重。負擔太重，源於課程設置不合理，教學考核更不合理。總的問題是應試教育，好比

科舉時代的考舉人，考進士，考狀元。而且錄取數額就那麼多，不是矮子裏拔將軍，而是定額錄取，非分個高下，一定把定額之外的考下去，其結果是，語文考題太怪了，數學考題太難了，物理考題太離譜了，化學考題太繁瑣了，政治考題廢話太多了，外語考試太像八股了。

語文考題之怪，致使王蒙先生對於他小孫子的考卷都束手無策。數學考題之難，即使考大學教授，也一樣眉頭緊皺，兩眼朝天。這樣的考法，不是與人為善，更不是為考生的前途著想，而是與考生為難，與教育為難，與現代文明為難。

鑑於各種原因，這裏只談兩個問題。一是教育改革，二是因材施教。

教育改革，我這裏以大學教育改革為例。教改理應是全方位的，從教法到教材，從用人體制到考試體制，從教育目標到教育手段，從管理體制到後勤服務，從學生管理到課外活動，從勤工儉學到學分制。這樣談下去，未免多了，這裏講四個「解放」。

什麼是「四個解放」？

後勤服務與學校分離，是第一個解放；

學生日常生活與學校分離，是第二個解放；

教員社會化或說自由職業化，是第三個解放；

黨團組織活動屬地化是第四個解放。

後勤與學校分離，現在正在進行。

分離好處很多，一言以蔽之，就是實現後勤服務的社會化。現在離真正的社會化還遠呢！雖然剛剛起步，那好處你已經看出來了。

單位搞後勤，是計劃體制的產物，結果必然是單位成了小社會。學校本來是教學機構，但吃也要管，住也要管，用也要管，結果教學精力分散，而後勤服務，也沒搞好。計劃體制下的學校後勤，可說各種弊病集於一身，如人浮於事，如官僚作風，如資源浪費，

還和學生和教員爭住房，爭資金，如此等等。後勤與學校分離，對學校自然好處多多，對後勤本身也是好處多多。沒了依靠，正好輕裝上陣；打破鐵飯碗，正好競爭上崗。

現在後勤與學校分開，但還沒有真的社會化，以後真的社會化了，學校可以自主找後勤，後勤可以自由找服務對象，成本還會降低，質量還會提高，後勤服務人員中也會出企業家、技術專家和服務模範，學校所享受的服務自然也會達到新的水平。

第二個解放是解放學生。

學校管學生，而且從起居作息到婚姻戀愛，從課外活動到安全紀律，一切都管，本來就不合理。這無疑造成了學校職責的錯位，同時也是對學生人格的矮化。

大學生，絕大多數已經或正在達到 18 歲，已經是成年人了，有選擇權和被選擇權了，而且受了那麼多年教育，結果還要讓學校管來管去，晚上「該」熄燈時不熄燈也不行，早晨「該」起床時不起床也不行，談個異性朋友也不行，來點勞動外快又不行。

其實，很多國家的大學生，不但可以戀愛，而且可以結婚，可以生孩子，可以堂堂正正休產假。為什麼，我們這裏非得這樣，是中國的學生不成熟嗎？是他們沒有生活自理能力嗎？還是他們個個缺心眼，達不到自我管理的程度呢？顯然都不是。

有人說，如果不管，學生出了問題怎麼辦？我要問，你管了，學生出了問題怎麼辦？如果你管了，學生出了問題，就讓你負責，該處分時先處分你，該關進去時先關你，你同意嗎？不要說大學生，就是市長，就是省長，他非犯法不可，你有什麼辦法？

學生不能自律說明他還達不到做學生的資格，只管請他退學好了。學生能夠自律但非不讓他自律，結果他反而不自律了。好比中國的一些運動員，就是自己管不住自己，結果運動生命大大縮短。但很多人參加了海外兵團或者到海外俱樂部過生涯，又重新煥發

青春，30 歲已不算老了，結了婚還能再戰。兩相比較，哪個更好些呢？

第三個解放的是解放教員。

教員早該解放，因為這是普適性規則，並非中國人出「麼蛾兒」。教員屬於學校，弊病數不勝數。不要說別的，單一個評職稱就鬧得不亦樂乎。而且學校財政原本緊張，職稱卻越評越多，已經到了無法為繼的畸形狀態。十年前，若是當個副教授，還算光榮，現在，就是當了教授，沒當博導，都算沒出息。教員單位化，浪費嚴重，又影響了正常的學術交流，還容易產生近親繁殖的弊病。

教員解放了，你有水平，有精力，可以到三家五家學校兼課教書，於是收入也提高了，待遇也改變了，與學生交流的機會也多了，知識的傳播也廣了。這樣的好事，為什麼扭扭捏捏，羞羞答答，總是不做？

第四個解放就該解放黨、團組織了。

解放黨、團組織，不是不要或弱化它們，而是實行屬地化管理。實際上，前三個解放完成之後，黨、團組織活動的屬地化管理便順理成章，水到渠成。個中道理，不言自明。

再談因材施教。因材施教是孔夫子的主張，現在過了 2000 多年了，還有重提的必要。可見這問題之難。雖然過去了 2000 多年，依然有重提的必要，又可見這問題的重要。然而，歷史條件不同，對其內涵也有不同的規定。就中國大陸的現實情況考察，因材施教，應確立三個指標，即：義務教育的必要性；個體差異的合理性和終身教育的迫切性。

討論因材施教，為什麼還要談義務教育的必要性，因為雖然是因材施教，也要有一個基礎的標準，這標準，對於所有應受教育的對象而言，是人人都該達到的。比如培養一個司機，有的將來可以參加世界跑車大賽，有的可以參加越野賽，有的可以開各種車型，

有的只能開轎車，但在會開車這一點上，沒有區別，這個就是基礎性標準。那麼，作為中國大陸受教育對象的基礎性標準，就是九年義務教育，這是有法律作根據的。因此，不論什麼人，天才也好，歪才也好，大才也好，小才也好，九年義務教育，人人有權接受，人人必須接受。

九年義務教育，進行的是構成公民文化素質的基礎標準。當然這個標準也不是永遠不變的，但在現階段，達到這樣的教育，就可以 OK 了。需要強調的是，現行的九年義務教育的內容，還需要大加整合。各種理由，前面已經提到過了。一方面，堅持九年義務教育的必要性，一方面又要認可受教育對象的個體差異的合理性。

其實，就是義務教育，也得承認個體差異的合理性。但那主要是表現在教育方式上的，而不是教育內容上的。不消說，義務教育之外的教育，如高等教育、職業教育、技術教育等，就更得注重個體的差異性了。不承認個體差異，就思維方式而言，是僵化的，不合乎科學邏輯的。

就道德層面而言，也是不合情理的，沒有人情味的。就達到成材的目標而言，是會延誤成才甚至會毀壞人才的。教育需要模式，但模式不能僵化，不能像站籠一樣，入得門去，只能服服貼貼，不能輕舉妄動，動一動，就有針刺你，就有刀碰你，讓你身體、精神大受傷害。

僵化的模式，只能對一部分人適用，瞎貓碰死耗子，正好與這模式的要求想符合，對另一部分人就不適應。其中反應小的，將就將就，也就算了。反應大的，即成為嚴重問題。如果教育者執迷不悟，不合標準就不讓進門，進門也不讓畢業，甚至中途開除，那就很有可能因其執迷不悟而毀壞了天才。

人們熟知的人物中，毛澤東是一位。毛澤東肯定不是一個笨人，否則能成為中國共產黨的偉大領袖麼？但他數學不行，繪畫也

不行。接我們現行的高考辦法，繪畫不行，也還罷了，數學不行，就上不了大學。你毛澤東儘管有極高的潛質，如果碰到現如今大陸的高考的體制，照樣關你沒商量。

錢鍾書也是一個了不起的人物，而且學富不止五車，學識冠於當今學界。但他的數學也不怎麼樣，至少高考時，成績很壞，有人說他數學得了零分，他說不是零分，有人調查了，說是十幾分，十幾分也可憐呀！好在他英語考得好，又遇到了伯樂，於是破格錄取，成為清華大學的學生。幸而，當時的體制不像今天這樣油鹽不進，否則，耽誤了錢鍾書先生的前程，我們大約就讀不到《圍城》，也看不到《談藝錄》了。

外國的著名例子中，愛迪生是一位，愛因斯坦也是一位。學校校長不理解愛迪生，所以讓他退學，但他以自己的天才證明了，他是對的。不是他達不到教育的水準，而是教育達不到他的水準。愛因斯坦上了大學，但傳統教育同樣不能認識到他的價值，否則，他會繼續深造，或者留校任教，而不至於畢業後從事業餘性研究工作了。

前些時，引起媒體和社會關注的一件事是所謂「韓寒現象」。

韓寒的情況並不複雜。韓寒，17 歲，上海一所高中的學生，語文能力突出，創作能力尤其突出，喜歡體育，體育成績也很好。因為不喜歡過度接受高中的數、理教學內容，中途輟學。他酷愛文學創作，即今已出版發行《三重門》、《零下一度》兩部長篇小說。印數不菲，本人現有一套房，一部車，不久前，還在中央電視臺某節目中作為一個「話題」的代表與世界人士進行了電視對話。韓寒現象雖不複雜，但引起社會的關注。有支持者，也有反對者，有批評者，也有羨慕者，還有不以為然者。

我認為，韓寒現象之所以引起這麼大的反響，因為現行教育體制確有弊端，否則，韓寒可以成功，但不會引起這麼廣泛的關注。

我認為，韓寒是一個成功者，雖然很多人不以為然，但一個 17 歲的少年，可以出版兩部小說，就不簡單。《三重門》我讀過了，不能說與專業創作者比，鶴立雞群。但在現在中國大陸文壇，絕非平庸之作。很多專業作者未必有他這樣的才氣，而且恐怕終其一生也寫不出一部有類於《三重門》的作品來。我認為，對韓寒應該公平，西方也有不少神童式作家，例如薩岡 19 歲時就寫出了《你好，憂愁》，人們並沒有對他的這種早熟產生過什麼非議。中國古來神童同樣不少，近現代以來，鄒容 18 歲寫出《革命軍》，年齡也就是現在的高中生。曹禺 23 歲寫出《雷雨》，以其體裁論，也屬早熟。劉紹棠 17 歲開始比較成熟的小說創作，李敖沒有讀博士，成為臺灣文壇的一大怪才。

對於這些天才級的人物，我們都是寬容的。那麼，又何必對於韓寒，非要指指點點，甚至硬要給人家作導師，當先生，好像如不關心一下韓寒，就會出什麼事似的。這樣的情緒，似無必要。

我認為，韓寒現象倒是應該引發有關教改的話題，對韓寒這樣的學生，應該給他提供更適合他的教育方式，比如他喜歡到大學讀書，就可以去中文系；比如他現在煩了數學、物理，就可以同意他輟學，到了某個時候，他又想學習這些東西了，還應支持他繼續學習。

中國有個大文豪梁實秋，原本也是一聽數學就腦仁疼的，但後來，心態變了，上了清華，用功數學，成績很好。我認為，不管怎麼說，討論一下這現象，總是好事，討論可以明智，聽聽各種聲音，認識一個才華橫溢的年輕人，無論如何是件好事。

實際上，韓寒現象並非孤立現象，而且如韓寒一樣的學生，還大有人在。例如，1999 年 10 月 20 日，瀋陽《當代商報》刊登了「應試教育遇到難題，天才文學少女考試不及格」一文，引起社會的強烈反響。被稱為天才少女的瀋陽市第 26 中學初二（4）班的學生張天天 9 歲就寫了 5.6 萬字的作品，15 歲時，她的《真心英雄》

一炮打響，再版 6 次銷售一空，在中國文學界，評論界造成特殊轟動效應。

韓寒、張天天之外，類似的情況還有不少，《深圳商報》曾以〈中國文壇「小鬼當家」〉為題，專門分析過這種引人注目的社會現象。文章中列舉的作者與作品包括：

韓寒的《三重門》；

郁季少的《花季雨季》；

管燕草的《一個高三女生的日子》；

楊哲的《放飛》；

谷子的《我是男孩，我是死黨》；

奇奇格的《飛墜浮沉》；

張濛濛的《告訴你，我不是醜小鴨》；

以及花城出版社推出的青春動感小說。

最令我震撼的，則是寫出「北京娃娃」的春樹；那水準絕對非同小可，至少會或為中國現代文學史上的一個鮮明符號。

中國有如此多的少年文學俊秀，可喜可賀，而且我相信，沒有發現的同類或不同類不同特色的少年人物還會很多。得天下英才而育之，這是何等快樂與榮幸的事呵！

承認教育對象的個體差異，因為個體差異是一個客觀存在。你承認它，它也存在，你不承認它，它也存在，與其閉著眼硬不承認，不如面對現實，找出科學的解決辦法更好。

日本有一位宮城音彌人，劃過一個「圖」，用來表示個體差異的。我想那圖對於熱衷於這個論題或者雖不熱衷於這個話題但依然有這實際需要的人而言，很有參考價值。按這個圖的意思，天才只是一種理想，而人類的智力類型可以分為全才與奇才兩種。全才是知識均衡，全面發展的人才類型。他文科不錯，理科也不錯，其極致說得形象點，就如現在學校的全優生一樣，不管什麼功課，一考

就是「優」。奇才則屬於偏科類型，他可能數學極好，但語文不行，或者物理極好，化學又差了，或者歷史極好，物理又差了。這樣的人，特點突出，條件適宜，成才率高。如中國大陸的史豐收，他的長處，主要是速算，但是憑這一點，就令人佩服。

全才與奇才是兩種類型，往深裏究，也可以說是兩種大腦生理基礎，當然也包括相應的心理類型的影響在內。根據這基礎進行培植哺育，為之營造良好的環境，就是因材施教。

因材施教，雖然是老話題，但就其現代意義而言，還存在一個學校教育系統中，誰為誰服務的問題。是學校、教員、教材為學生成材服務呢？還是讓學生為學校服務，為教員服務，為教材服務？

現代教育，學生應該無可爭議地成為教育的中心點。因為只有培養出合格的優秀學生，教育才算最終取得了成功。那麼，教育模式就不該是僵化的，而應該是彈性的，教育大門不該是時開時閉的，而應該是每時每刻都在敞開的。這就聯繫到了終身教育及其重要性與迫切性。所謂終身教育的迫切性，是說，當今之世，終身教育已經成為一種潮流，在這大潮面前，只能前進，不能後退，進者將興，退者將衰。

終身教育，就是說無論哪個年齡段的公民，只要你能夠達到受教育的水平，具備最基礎的條件，就可以選擇教育。18 歲的青年可以上大學，80 歲的老人也可以上大學。應屆畢業生可以上大學，在職人員也可以上大學。上大學可以一氣呵成，也可以斷斷續續，停停讀讀，讀讀停停。不僅上大學，就是讀碩士，讀博士，都有自由選擇的權利，只要你行，便歡迎你來。你某個方面行，就歡迎聽某個方面的課。

教育為學生服務，無時無刻不在等候您大駕光臨。這樣的生活，該多麼誘人，又多麼有趣。

六、弱勢人群與邊緣人群

1.文明「木桶」的短木效應

　　近幾年學界流行一個觀念——「木桶效應」。所謂「木桶效應」，屬於系統理論。一個木桶，如 10 塊木板和一個桶底組成，假定每塊木板高 30 公分，那麼這木桶的容積應按桶高 30 公分計算。如果其中的一塊木板低於 30 公分，只有 15 公分，雖然木桶還是一樣的桶，但那容積小了，只能以桶高 15 公分來計算了。同理，如果這木桶其中一塊板上有一個洞，那麼，這就是一個壞桶了。木桶效應也可以看作是短木效應，因為有這短木，就改變了整個桶的功能，甚至改變了它的性質。

　　弱勢人群和邊緣人群就是社會整體中的「短木」。這問題沒有得到解決，從社會文明結構考慮，其文明程度值得懷疑，在現代文明的歷史背景下，存在這種嚴重的「短木效應」的社會，能否屬於文明社會，亦存疑。

　　一個社會文明與否，在不同的歷史時代，會有不同的標準。現代文明，尤其是 20 世紀以來的文明，對弱勢人群，邊緣人群的權益日益重視。如果說，在此之前，社會主要矛盾還是貧困與富裕之間的爭鬥，那麼，西方發達國家在解決了溫飽問題之後，弱勢人群與邊緣人群的平等訴求已然成為社會發展的關鍵性領域。

我一貫認為，現代社會文明與否，應先看醫院、社會福利院和監獄這樣的邊緣性場所。

一個社會不論你自以為如何文明，如果不能善待病人，不能善待老人，不能善待犯人，那麼，你這個文明就是冒牌貨色。

我們看 20 世紀以來尤其是 20 世紀中葉以來的哲學、文學、藝術、社會學、人類學等等人文社會學科的發展，對於上述弱勢人群和邊緣性人群的關注越來越細，越來越認真，越來越政治化，越來越具有時代特色。

如果說，19 世紀的社會文明的主旋律是能否關心和扶助窮人的話，那麼，20 世紀的文明指向則是能否關心和扶助弱者。21 世紀的文明指向則重在社會和諧與文化和諧。

2.弱勢人群與邊緣人群之所指

剛剛提到的窮人，其實也可以算是弱勢人群，但他們與本書討論的弱勢人群概念有區別。窮人也是弱勢，但這是一個特殊的弱勢群體，因為它人數眾多，而且具有很強大的社會影響力，特別處在階級鬥爭激烈和活躍的年代，它的影響力表現得尤為突出。換句話說，它弱，但不是總弱。

而這裏講的弱勢人群，是指那些人數並不很多，影響力也相對不強，不但在社會平穩時期他們的影響力有限──他們很難成為社會的主流人群，即使在動亂年代，他們的影響依然有限，甚至更為有限。如老人，如殘疾人，如兒童都屬於這個範疇。弱勢人群與邊緣人群的情況相似，但二者既有重合，也有區分。弱勢人群主要指老人、婦孺、殘疾人，長期失業者、病人等。

　　邊緣人群在廣義上也屬於弱勢人群，但他們往往有獨立的生活能力，甚至有很強的生活能力，只是因為他們的行為方式與社會主流有相當距離，或者不能進入社會主流，於是成為邊緣人群。

　　邊緣人群在西方社會主要指少數民族部落吸毒者、賣淫者以及同性戀或與之境遇相類似的人群。中國大陸情況特殊，在我看來，很多自由職業者，相當數量的外地務工人員，勞教釋放人員，都應該看作邊緣人群。

　　自由職業，原本屬於正常職業，為什麼列入邊緣人群。因為中國的自由職業者中，有相當一部分，處於無城鎮戶口，無醫療待遇，無穩定收入這樣的狀況。而且在一定程度，其身份也不被某些社會機構所認可。

　　《北京青年報》曾刊登過一篇題為〈自由職業者的尷尬〉的文字，文章寫道：

> 有一次參加一個徵文比賽，文章發表前編輯部來函索要「工作單位、職稱」等個人簡歷，我如實告之，但文章發表時作者身份是「某地一居民」，令人哭笑不得。
>
> ……
>
> 還有的時候，收到的稿費單子因匯款單疏忽寫錯個字，如果有單位蓋個公章就可以解決問題，但我卻無單位公章可蓋，只好上街道辦事處央求人家開證明書，麻煩大了。

　　其實作者叫苦的這些事都還是小麻煩，在醫療社會保障體系的改革未完成前，自由職業者的醫療養老住房等等問題，都由一身擔當。人家看病可以報銷，你不能；人家退休有養老金，你沒有；人家住房有補貼，而且動輒幾萬，幾十萬，你也不具備資格。

　　沒有就沒有吧！住房沒補貼，自己租。退休金沒有，自己掙反正距離退休年齡尚有一段時間呢！但看病呢？現在醫療費用之高，與中國大陸人的收入不成比例。作為一名自由職業者，如果不幸病了且一時不能痊癒的話，那才真正是麻煩大了呢！

　　還有一些非集體性的外地務工人員，他們來到大城市，人生地不熟，戶口沒有，職業也沒有，好歹找個吃飯的地方，往往還要受歧視，受欺負。老闆可能欺負他，城鎮居民中的一些人欺負他，一些執法人員對他們的態度尤其惡劣，有時不分青紅皂白，就要強行押送出境，有的人證件不全，要押送出境，有的人該辦的手續都辦了，只是因為沒帶在身邊，被所謂「執法」人員逮著，也要押送出境。這樣的務工人員，就是邊緣人群。

　　一般病人，因為有親屬照顧，多屬於弱者，還不算邊緣，但一些特殊病患者，如特殊類型的精神病患者，發病了，會打人，會破壞，──中國人舊時稱其為「武瘋子」，往往受到非人待遇。還有愛滋病患者，因為這病現在還沒有有效的治療手段，又有傳染性，其傳染源又與中國人的傳統觀念大相背拗，於是很多人聞之失色，惟恐避之不及。

　　不僅如此，有的地方，不但愛滋病病人被周圍人群拒絕，連他的親屬也被冷漠，被拒絕。有一位愛滋病患者的父親，原本有不錯的人際關係，但當人們知道他兒子是愛滋病患者之後，沒有幾個人理他了。吃飯躲著他，說話躲著他，連工作都躲著他，好像他兒子有了愛滋病，他也成了「瘟神」，「瘟氣」一到，諸神四逸。

　　邊緣性人群中，還有賣淫者，這樣的人群，不但在中國大陸，在很多國家都屬於邊緣人群。賣淫的女性在我們這裏稱為「三陪」人員。她們身、心受害，毫無社會地位。老闆可以在她們身上大賺其錢，嫖客可以在她們身上肆意泄欲，執法人員視她們為打擊對

象，周圍的人對她們還要側目相看。且她們的這種經歷還要永遠瞞著自己的親人，否則，那後果或許更其不可設想。

其實，這是完全不合適的，個中理由，稍後再講。還有同性戀。同性戀經過幾十年的奮爭，現在一些國家和地區已經取得合法地位。但在我們這裏或者說在世界上多數地區還不行，還要受歧視，受侮辱，甚至受到法律制裁。

這其實也是不公正的。歧視已然不公正，再加上種種道德指責或者惡意歪曲就更不公正了。

3.對弱勢人群與邊緣人群的認知誤區與文化解讀

對弱勢人群與邊緣人群曾經存在或仍然存在不少誤區。這裏擇要而言，談五種誤區。

誤區之一，強勢文化，越強越有理。

中國傳統文明屬於強勢主導文化。其特點就是崇拜權勢者，依附權勢者，縱容權勢者，造就權勢者。

西方也有強勢文化，但不見得強勢者就是官，——有時是官，有時候是宗教領袖，有時候是富商。中國古來的情況不一樣，我們這裏，只有官系列，才是真正的中心系列，萬民官為大。甭管你是什麼人，一遇到官，腿就得軟，不軟也給你打軟；頭就得昏，不昏也給你打昏。

官越大，毛病越多，人們還得越尊崇他，官到了頭，就是皇帝。皇帝是應有盡有，別人全是他的子民，這種文化在現代的惡性大膨

脹，就是產生了一場不倫不類，狗屁不通而又發燒 70℃，一國人跟著起哄抽瘋的「文化大革命」。

　　強勢文化，最鄙視的就是弱勢人群，雖然也講「愛民如子」，不過說說而已。很多時候，那些權勢者連自己的親生兒子都不愛，何況是「如子」了。而且把老百姓比喻成「子」，本身就是混蛋邏輯屁股泥那文化的不明是非，不講道理，不合人情物理，與現代文明格格不入，無須細論，不言自明。

誤區之二，道德壓迫，順之者昌，逆之者亡。

　　中國文化傳統，不許人犯錯誤，尤其不許弱者犯錯誤。例如，中國的女性不能犯錯誤，特別是有關兩性方面。一犯錯誤，遺臭萬年，說遺臭萬年都不夠，因為這錯誤，很可能付出生命代價。因為你通姦了，所以打死也白打，殺死也白殺。甚至根本不用見官，家族就有權力對所謂的淫婦進行處罰，或者逼其上吊，或者將其沉潭，或者活活打死，或者還要殘酷折磨，反覆羞辱。

　　其實，誰不犯錯誤，若論兩性間的混亂，男性的問題更多，責任更大。然而，沒事，頂多是罵幾句，要麼就打兩打。《紅樓夢》中的男姓，乾乾淨淨的少，亂七八糟的多，就是那賈寶玉，也不算乾淨人，然而——沒事。但輪到女性身上，沒事還要尋事，有事就如塌了天一般。一個誘春囊，就讓邢夫人肉跳，王夫人哆嗦。這兩位又不是未出閨閣的小姐，也不是花白了頭髮的處女，更不是庵中的尼姑，修道院中的修女，就真的那麼害怕看見男女性交，害怕看男性生殖器嗎！

　　又例如，中國傳統，最忌諱偷盜，而且認定，誰要是偷過一次東西，那麼好了，這毛病就永遠也改不掉了。於是人人躲他，個個嫌他；當面小看他，背後指戳他。他原本可能只是一念之差，但遇

到這樣的對待，只好破罐破摔，好人既然絕不接受他，那麼，他就只有投靠黑幫老大去吧。

還有吸毒者。吸毒當然是極壞的事，但吸毒者並非全是不可救藥的人。中國大陸的吸毒者，之所以反反覆覆，總不能戒掉這壞習慣，其中一大原因，在於他們一旦進入這個行列，便從此不再被社會主流所接受。而且我們中國人的習慣，是小道消息最多，最關心別人的隱私。比如一個人到了新單位，他的昔日「行狀」，不待他自己宣傳，更無須組織去替他宣傳，不消五時三刻，已然盡人皆知。好事不見得有人關心，壞事傳速最為驚人，某某人過去受過處分啦，某某人有不正當男女關係啦，某某人吸過毒啦，某某人和某某人是同鄉啦，恨不得連別人屁股上長一個痣，他也會知道。這類習慣，實在是太不好了。而這種專拿別人昔日的過錯當「速食」的文化，實在是一種小人文化，一種陰暗文化，一種害人文化，一種庸俗文化。

因有這樣的道德壓迫，所以中國人不怕沒創見，就怕犯錯誤，一旦犯了錯誤，就有可能永遠被打入另冊，一輩子別想翻身。但這不合乎現代文明。以吸毒為例，張學良將軍曾經就是一個吸毒者；馬拉多納也是一個吸毒者，NBA 球量中，也大有吸毒者在。

其實，吸煙也是吸毒，只不過情況輕點就是了，馬克思、魯迅、毛澤東都是著名的煙鬼。因為他們是著名的煙鬼，他們的人格就受到影響了嗎？

誤區之三，以毒攻毒，專與壞人比壞。

中國有句古語，叫做「以牙還牙，以眼還眼」。魯迅先生對這句話很讚賞，一生主張，對一惡勢力只能如此，別無他法。但這是需要嚴格界定的，在惡勢力面前，出於自衛，不得不如此，最好如

此耳。一個流氓要傷害你，你有權自衛；一個侵略者侵略你的國家，你有權反擊。面對侵略者，就該迎頭痛擊，兩面夾擊，讓他前後受敵，左右受敵，東、西、南、北四面受敵，天地六合，六面包抄，那才好吶！

但這是有嚴格界限的，超過這個界限，比如敵人已經投降了，對待戰俘人就該用人道方式對待他。比如他受傷了，還要認真對其實行救治；比如他死亡了，也要對其遺體給以合理的處置、保存，以待他的親屬將其領回。

對待壞人，便施以「壞」法，抓到一個小偷，先打他的臉，砍他的手，甚至使用更殘忍的方式毀壞他的健康，這就錯了。抓到一個殺人犯，好小子，你敢殺人，今天讓你嚐嚐殺人的滋味，例如古代懲治犯人的方式，先剜他的眼，再割他的舌，又砍他的腳，還要剝他的皮。這樣的作法，更錯誤了。

對待壞人使用壞法，實際上，已經站在壞人的立場上去了，不知不覺，壞人成了你的指導老師。

現代文明的特點，不是用不文明的方法折磨壞人，而是向這些違法者展示主流社會的文明。換句話說，是用文明去改造邪惡，而不是因為你邪惡，好，我比你更邪惡。豬八戒偷吃了仙桃，我就砍你的豬頭，孫悟空偷吃了仙丹，我就把你丟進火爐，看你變成湯水。

這種思維方式雖然看起來很革命，很義憤，很慳氣，其實是與壞人的同構思維，用一句昔日的流行用語，叫作打著紅旗反紅旗。而它的惡性擴大，則是傷害了更多的無辜者，殘害了許多正義人士。

誤區之四，過度中庸，異類難以存身。

「過度中庸」，這話似乎自相矛盾，因為中庸的本意就是不偏不倚，——不過度，你講過度中庸，哈哈，錯了，請趕快塗掉，否則讓專家學者一見，不免笑掉下巴。然而，確有這樣的情況。

中庸本是過度的對立面，但非中庸不可，就有過度之嫌。一講中庸，天下都要中庸，誰不中庸，就給誰來點顏色看，就是過度中庸。

我過去也曾說過，前人批判中庸，主要批判它不允許冒尖，不允許偏執，不允許革命。因為你一冒尖，就不中庸了，一偏執又不中庸了，一革命，更不中庸了。最好一副哈巴狗相，說貓又像狗，說狗又像貓，不貓不狗，正合中庸之態。

但中庸的另一面表現，是不僅不讓冒尖，而且不准落後，冒尖既不中庸，落後也不中庸，偏執既不中庸，寬容也不中庸，革命既不中庸，反革命也不中庸。

中庸到了這樣的境界，就不許另類出現了。比如人人長袍馬褂，你非穿一件西服，於是眾人側目，給你一個西崽名號，讓你走到哪裡都不受歡迎。

過度中庸，必定打擊多元文化。比如一提文藝作品，單單喜歡現實主義，現實主義有時都不行，還要革命的現實主義，革命的現實主義都不夠，還要革命的現實主義與浪漫主義相結合。

現實主義與浪漫主義，既稱主義，就難以結合，如果說兩種表現手法結合，彷彿還有點可能，人家都主義了，你還非讓人家結合，這不是硬讓馬駒下蛋嗎？

改革開放 20 年，這樣的局面總算過去了，但那思維方式還在。現在把守創作理念大門的新掌門或者自以為是新掌門的人們，對現

實主義、浪漫主義之類，早已嗤之以鼻，什麼現實主義，屁。浪漫主義，也不過是浪漫的屁而已。本掌門只知道後現代主義，連現代主義都他媽過時了。

後現代主義，其實也很好，多一個主義，對中國這樣的大國而言，都有可能的意義在。可悲的是，大家一提後現代，就得一切都後現代，您要是不懂後現代，或者沒有打出後現代的旗號，那麼，文壇雖大，您就算瞎了菜了。那些對後現代入了魔的教主們，莫說青眼，白眼都不會看你。

誤區之五，打著多數人旗號，少數人利益可以省略不計。

弱勢人群總是少數，邊緣人群更是少數。尤其是後者，如果不是少數，怎麼會位落邊緣呢？比如八股文時代，你寫白話文，你就處在邊緣地帶，科考不接受你，士大夫看不起你，一切富麗堂皇的大門對你通通緊閉，你只好在邊緣地帶走來走去，如石縫中的樹苗，曲折往復，勉力生存。

而中國人的老脾氣，是歷來看不起弱者的，所謂「見著慫人壓不住火」，是向來要打擊另類的，所謂理直氣壯，氣壯如牛；是向來要虐待壞人的，所謂惡人必要惡報；是向來要打壓異端的，所謂「非其種者，除而去之。」

更可怕的，是打著多數人的旗號，這旗號上常常用特大字型大小寫道：國家、民族、正義、理想等等不可一世的大字眼，看到那些居於邊緣地帶的小人物，要見一個，滅一個。穿衣不合時尚的，抓；說話觸犯規矩的，抓；兩個人在一起交頭接耳的，抓；就是對長官不理不睬的，都要抓。

表現在政治活動中，尤其要求步調一致，什麼事都要一致通過，誰不一致，就讓誰嚐嚐一致的厲害。所以直到如今，講真話，

在公開場合講真話，在媒體上講真話，對中國大陸人來說，還是一個很高的標準。很多社會問題，大家並非不明白，但為著一致起見，只能「王顧左右而言他」，或者乾脆七扯八躲，胡說八道。

多數人利益當然要保護，但因此便隨便犧牲少數人的利益，也是在犯罪。

4.弱者的尊嚴，弱者的表達，弱者的權力

這裏說的弱者，自然也包括一切邊緣人群在內。

首先，無論弱勢人群還是邊緣人群都享有其他人所享有的一切尊嚴。以愛滋病患者為例。無論其病源是出於主觀問題還是客觀問題，作為病人，他都應得到全社會的同情，作為公民他應該享有公民所有的一切權利。

你不要說，誰讓你得這病了，別人對你側目而視，理所當然。這觀點起碼是沒有邏輯——如果我們沒有權力歧視一位肝炎病患者，那麼，我們就無權歧視一位愛滋病患者；如果我們無權歧視一位感冒患者，我們同樣無權歧視一位愛滋病患者。而且，歧視病人不但不合邏輯，尤其不合人道主義。

因為人道主義體現的是人類特有的人文關懷，假設這種人文關懷只限於關懷沒有缺點的人，那麼它就是一句空話；假設這種人文關懷只限於關懷那些沒有疾病的人，那麼它就是一種虛偽。

你不要說，你有傳染病，我怎麼關懷你？照這樣的邏輯，不但愛滋病患者不該得到關懷，麻瘋病人也不能得到關懷，肝炎病人同樣不能得到關懷，一切患有傳染性疾病的人都不能得到關懷。因為什麼？因為一旦關懷傳染者，就有可能被傳染，而一旦被傳染流行，就有可能帶來嚴重的後果。按照這樣的邏輯，對於任何感冒患

者都應退避三舍，有誰能保證傳染了感冒不會引起咳嗽呢？又怎麼保證引起咳嗽而不會引起肺炎呢？而引起肺炎又不會造成生命之憂呢？

那麼好吧？就讓一切患有傳染疾病或可能患有傳染疾病的人自生自滅吧，只留下那些不生病不可能生病的人逍遙自在似神仙的人高唱人道主義吧！

這樣的邏輯，不是虛偽是什麼？不僅愛滋病患者，包括吸毒者，同性戀等等邊緣人群在內，都享有人的尊嚴。任何人不能因為對方是吸毒者或者是同性戀就歧視他們。我剛剛提到過，張學良將軍也是一位吸毒者，我們因此就可以不尊重他或者當面指責他嗎？如果你在不恰當的場合指責了別人，別人會要求你道歉的，如不道歉，有可能官司纏身。那麼，你在任何不恰當的場合也不能指責任何一位邊緣生存者，否則，司法機關和社會輿論也將讓你受到相應的法律懲罰和輿論譴責，這個，方可能稱之為現代文明。

其次，關於弱者的表達。弱者不但具有強者具有的人格尊嚴，而且應有相同的表達權力。如果他不滿，他就可以把自己的意願通過各種渠道表達出來。然而，這在傳統社會，顯然是不可能的。

以傳統女性為例，很多社會話題，男性可以隨意表達，女性就不行。一個男人在大庭廣眾之下談性，沒有問題，至少不會被人認為是多大問題。西門慶這樣的男人，談性固然無所忌諱，就是賈寶玉這樣的男性，也有談性的場合，在那樣的場合，不但可以談，而且可以唱。女性就慘了，一個傳統女性，只要她談性，那就是淫，因為這淫，就足以使她一生與幸福無緣。

女性本不應成為弱者，實際上，她們在宏觀表現方面，並不比男性差，而在各個微觀領域，也只能說，兩性相比，各有所長。但在男權時代，在男性話語時代，女性的表達權利顯然被窒息，被剝奪，被封閉了。

　　現代女性，不管這些。今天（2000 年 12 月 6 日）中午，北京電視臺生活頻道，還議論了一封讀者來信，讀者是位新婚一年多的女士，因為夫妻經常分居，她在網上和一位不認識的男性進行了性的討論。結果她丈夫知道了，很生氣，她本人對此也煩惱，問電視節目請教應該怎麼辦？

　　其實，男性既然可以談性，女性也可以談性，談性不等於性混亂。性本身既是科學的一部分，也是生活的一部分。對它作些探討，沒有什麼大驚小怪的。

　　這方面，西方人的觀念顯然要開放得多。例如芭芭拉・凱斯林博士有一本名為《女人，不再沈默》的著作，其中第一章的題目，就叫「猥褻是好的」。作者認為「任何女人都可以學習表達性感的語言」。書中寫道：「我們必須開始表達『那些我們不可能說的話』，並要求『那些我們不可能要求的事情』。」我們必須開始讓伴侶瞭解我們的需求以及我們的感覺。我們必須談論女性胴體每個美妙的部分，我們的肌膚，我們的乳房、我們的腹部、我們的臀部，我們的大腿、我們的陰道、我們的恥毛、我們的陰蒂，我們也必須談論男性身體每個美妙的部分，包括他的臉龐、他的領子、他的手臂、他的腹部、他的陰莖、他的睪丸、他的臀部，他的大腿、他的胸膛，我們必須坦白，我們必須直言不諱，我們的伴侶也是。[1]

　　不知讀者諸君如何，在我看來，可以自由使用這樣的話語，確實不錯。

　　其三，關於弱者的權利。

　　其實，表達也是一種權利，因為它特殊，我把它分出去了。弱勢人群和邊緣人群，不但應該享有他人享有的法律賦與他的各種權利，而且其中的一些人群還有權要求一些專屬於他們的權利。比如

---

[1]　《女人，不再沈默》，陝西民教育出版社，第 12～13 頁。

殘疾人有權要求城市公共設施方面提供無障礙通道，電視臺專門提供給聾啞人看的節目。

少數民族有權要求保持自己的生活習慣和各種屬於自己民族特有的生活內容。同時有權要求電視台等公用服務系統提供必要的服務內容。

這個地方，我想著重談談有關病人權力的話題。病人屬於弱者，無可非議。病人有什麼權利？對於我們大陸中國人而言，還是一個新課題。我們自古以來，只聽到過帝王的權力，官府的權力，家長的權力以及政治權力，經濟權力，工作權力，等等，但很少聽到過有關病人的權力。身為病人，看病就是了，還有什麼權力嗎？實際上，病人無權，便會成為文明的死角。

這方面，西方國家做得好。早幾年，我看到陳燕妮先生的《告訴你一個真美國》，很為那書所感動。不是一味羨慕美國，是說那書寫得好，其中有關美國病人權利的部分，尤其感慨極深。以致一有機會，我便要宣傳此書，也宣傳這書中有關病人的權利問題。書中介紹美國紐約州的患者權利時，這樣寫道：

（1）瞭解和使用病患權利法案及相關法律，如有任何原因不瞭解法律而需要幫助時，院方必經提供翻譯等協助。（2）不問種族、膚色、宗教、性別、國籍、傷殘或付費金錢來源而受歧視。（3）在清潔、安全及不受不必要拘束的環境下接受周到、禮貌的照料。（4）如有必要，可得到緊急照料。（5）有權知道你的主治大夫姓名、職位及參與照料你的任何醫護人員的姓名、職位，並有權拒絕接受他們的診治、檢查或觀察。（6）有權使用一間禁止吸煙的病房。（7）有權得到有關病情的診斷，治療和對治療後狀況的推測等資料。同時，對於任何需要你同意的任何治療程式或治療方法，得到有關的資料。（8）得到所有你需要的資料，以便確定對同意不接受恢復生命措施所做決定。如你病情過重，也有權指定一個人代你決定。（9）

有權拒絕參加任何研究。（10）住院期間有獨處權。（11）能充分參與與你有關的治療和出院的決定，並可以免費審查自己的病歷卡和取得病歷卡副本。（12）收到一份分項列出帳單。（13）有權對得到的照料和服務提出意見，並要法院做出答覆而不必懼怕遭到報復。如對醫院的答覆不滿，可以向紐約州或紐約市衛生及醫院部投訴，醫院方面必須提供相關的投訴處理部門地址及電話號碼。[2]

請各位原諒我的引文之長，因為我認為這些內容對於中國患者對於中國公民而言，確實是太重要了。反觀我們中國大陸的情況，對於很多地方的很多患者而言，隱私權，沒有；知情權，沒有；選擇大夫權，沒有；要求獨處權，沒有；拒絕研究權，沒有。有了問題，投訴的權利自然是有的，但你想從被投訴者那裏得到投訴者提供與投訴相關的位址和電話，怕也不大容易。我們中國人多麼聰明——你告我，我還給你提供幫助，這等傻事，別找我們。

不僅如此，對病人不負責的問題屢屢發生。據 2000 年 11 月 16 日《文摘報》的一則消息說，我國每年因為吃錯藥而死亡的就有 11 萬人之多。

其他如收受紅包，吃回扣，亂開藥，開貴藥，以致篡改病歷，不徵求患者意見就招來一群實習醫生，至於態度粗暴、蠻橫，更是小菜一碟，本大夫只管看病，態度好不好與醫術無關，否則，另請高明。

《中國青年報》2000 年 10 月 30 日登載一篇患者的文章，那題目就驚人，叫作：「我為什麼要偷病歷——一位普遍病人的經歷」。

病人偷病歷，殊不可解。但這位病人實在是萬般無奈，只好出此下策。她因慢性結石引發膽囊炎住院，結果手術出現問題，其造影顯示——「肝膽總管有損斷性缺損約兩釐米，有可能造成膽道狹

2　見《告訴你真美國》，華夏出版社，第 326 頁。

窄的終身殘疾，並可能因膽汁流排不暢而危及生命。」這顯然是手術事故的結果，但她找醫生，醫生拒絕，找領導，領導拒絕，找急了，乾脆連門也不讓進了。在這樣的情況下，只有偷病歷了。患者偷病歷，院方改病歷，患者為著自己的利益，不止一次地去偷，而院方竟然以假圖片搪塞，以表明「是結石造成的內痛，不是手術的原因。」如此等等，可說中國大陸的怪現狀之一。

　　好在，現在醫療體制正在改革，醫院的面貌也確實在發生變化。作為患者，或可能的患者，或患者家屬，或每一個中華人民共和國公民，我們不要求醫院沒有一點缺失，這在任何一個國家都是不可能的，我們只是希望，全社會尤其是那些處在強勢人群的人們，真正能認識到：每一個生命都同樣寶貴，每一個生命都需要關懷。

七、公民權利、社會保障及其它

　　現代人活得煩，有時候不是一般的煩，而是煩、特煩、煩上再加一個煩。現代人活得累，有時候不是一般的累，而是累、特累、累上再加一個累。

　　照理說，現代人與古代人相比，方方面面，都有進步，以我們中國人為例，現在中國大陸人的平均生活水平，是 80 年代的中國人可以相比的嗎？是 70 年代的中國人可以相比的嗎？是 50 年代、40 年代、30 年代的中國人可以相比的嗎？然而，論煩，論累，也不是過去的人可以理解的。

　　其實，很煩很累的不只中國人，美國人也煩也累。美國 NBA 著名球星羅德曼，就煩的可以，不但現在因為找不到聘用他的籃球俱樂部，而且早在 1993 年，他就曾經有過自殺的想法，他在自傳《我行我素》一書[1]的開頭，就把那情形作了驚人的描寫——1993 年 4 月的一個晚上，底特律奧本山球場體育館的停車場，我坐在我的小型貨車裏，槍放在大腿上，思考著是不是該留在世上。現代人的煩、累，與這浮躁，喧囂的世界有關。不是我沒文化，因為你變化大。

　　對於我們中國人而言，因為我們從來沒有經歷過真正現代意義上的市場經濟，所以，造成的心靈衝擊和生活衝擊，其強度顯得更為劇烈。

　　小農經濟，雖然貧窮，但動盪不大。水災也是有的，旱災也是有的，因為各種各樣的災害，也確實有顆粒無收的年景。然而，真

---

[1] 《我行我素》，海南出版社，第 1 頁。

的絕收，是幾十年不遇，或者百年不遇的。所以我說，小農經濟下的生存方式是低質量的但又是比較穩定和容易的生存方式。

市場經濟不一樣了。它可以用很短的時間，把一個窮光蛋變成百萬富翁，但它也可以一夜之間就讓一位百萬富翁成為負債者。

一個窮人剎時變富，難免不適應；而一個富人一剎時變窮，恐怕更不適應。

然而，還有很多想變富無法變富，不想變窮卻時時刻刻有可能要窮的人。加上家庭壓力，婚姻壓力，安全壓力，競爭壓力，使他們雖不想煩惱，又不能不煩惱，雖不願浮躁又不能不浮躁。他們焦慮，他們不安，他們憚精竭慮，他們心事重重。他們高興，甚至大高興──狂樂，然而，狂樂的後面可能追著來的就是困惑，就是煩惱，就是孤獨，就是無助，就是走投無路，就是絕望。絕望者固然可以「柳暗花明又一村」而狂樂者又何嘗不時常為著「樂極生悲」「物極必反」而揪心扯肺，而暴跳如雷，而無可奈何。

現代人煩、累，煩是心之煩，累是心之累，這種煩、累已成為一大通病。消除這病，恐怕還有很長的路要走，但對中國人而言，首要的是先建立完善或比較完善的社會保障體系和安全保障體系。這裏分 4 個題目或若說挑出 4 個作者認為更重要的題目來議論，即公民權利、社會保障、社會服務和環境保護。

1.關於公民權利

公民權──亦即人權，既屬於人類歷史文化，又是法律規定；既是法律規定，又屬於理論研究和文化研究範疇。總而言之，它是開放性的，是法律性的，是現代人類必備的文明素養，也是聯合國用人權宣言方式所認定所規定的各簽約國必須遵守的國際性條文。

　　我於 1997 年出版的《正義，你聽我說》一書[2]中，對公民權利提出十八項內容，現在回頭看看，——我覺得這些內容還沒有過時，且把它抄錄於下：

第一項：生存權；

第二項：教育權；

第三項：居住權；

第四項：遷徒權；

第五項：就業權；

第六項：公平競爭權；

第七項：財產權；

第八項：社會保障權；

第九項：安全保護權；

第十項：自由權；

第十一項：隱私權；

第十二項：知情權；

第十三項：自衛權；

第十四項：選舉權與被選舉權；

第十五項：遺囑權；

第十六項：死後法人權；

第十七項：特殊公民層的特殊權利；

第十八項：其他公民權。

　　所謂其他公民權，「即一切與公民相關的社會利益與社會權利，凡公民都有知情、參與、評判、分享以及申請、申訴和報告的權利。」換言之，就是一切應該屬於公民的權利盡在其內。而且，

---

[2]　《正義你聽我說》，中國文聯出版社，第 122～123 頁。

我認為，公民權利是神聖的，它具有不可轉讓性，不可例外性和不可分割性。這裏，舉幾個例子。

第一個例子，遷徙權。所謂遷徙權，即自由遷徙權。封建時代，最恨流民，因為流民一多，天下必亂。市場經濟，喜歡的就是流動。無論人流，物流，財流，只有流動，才能生機勃勃。不怕你流得快，只怕你流得慢。慢到一定程度，就疲軟了，再慢就危險了。但現行的戶籍制度，不利於流動，一動，先遷戶口，而遷戶口之難，可謂難於上青天，尤其是農轉非，再加上遷往大城市，更難了。

因為這種管理體制的存在，帶來種種弊端。如夫妻兩地分居，如所需人才不能如願以償，如在幾乎所有大中城市出現所謂外地務工大軍。外國人到中國投資，要求國民待遇，但外地人到大中城市工作，卻沒有國民待遇──你雖然是國民，但沒有該地的戶口，對不起，或者請你回戶口所在地去，或者流為二等公民。

遷徙權當然不是絕對的，比如去美國的自由雖有，但沒美國大使館的簽證也走不成。但對美國公民而言，在美國境內遷徙，沒有這樣多障礙。

自由遷徙權，從理論上，無論遷到世界上哪個角落，都有這自由。從具體操作層面看，至少在自己的國家境內，應沒有或很少限制才對。

對我們國家而言，現代化道路在一定意義上講，就是城市化道路。政府不但應撤消各種「農轉非」的限制，而且應制訂相應的政策，鼓勵農業人口向城鎮轉移。無論如何，農業人口太多，中國的經濟落後狀態就無法從根本上改變。再舉一個安全保護權的例子。

安全保護權，是公民最基本的權利，但看現在的情況，這權利被損害的情況嚴重。一些司法人員可以無端打人，可以隨意扣人，可以對犯罪嫌疑人施以重刑，都是對公民基本人權的侵害。

司法部門或執法部門的最高宗旨就是為公民服務，為公民提供法律保證和人身安全保證，現在好，不但沒有提供有效保證，自己還帶頭傷害公民權利，反對此類惡劣事件，正所謂「是可忍，孰不可忍。」

更為嚴重的是，一些所謂黑社會勢力，與官方或警方勾結，從而有恃無恐，為害一方。我們中國人，是天底下最善良最好管理的民族，然而，黑社會勢力如此猖獗，發展速度如此迅速，其根源，概與貪官污吏有關。

2000 年 20 期《中國新聞週刊》描述黑幫勢力的發展過程，稱其為「黑幫三部曲」。哪三部曲？

第一步曲——砍者為王，用亡命徒手段，大刀「劈天下」，平定同類而後為王；

第二步曲——瘋狂斂財，成立各類公司，向企業化、合法化方向發展；

第三步曲——謀官護黑，與政府組織拉關係，以致謀取人大代表、政協委員、公安、檢察院、法院幹部等身份。

「黑老大」成了人大代表，他代表誰呢？成了政協委員，又能協商什麼呢？而且還要混進公、檢、法，這聽起來多麼像一出出荒誕劇呀！

夠了，這等醜惡的事情，如不嚴究，這天下還了得嗎？

2.關於社會保障體系

現代人煩、累，特別需要社會的保護，因此，建立完善或比較完善的社會保障體系，已經成為刻不容緩的急事、要事、大事。社會保障體系的內容繁雜，一言難盡，簡而言之，它至少應該在三個基礎方面為所有公民提供保障。

一是失業保障。市場經濟，失業難免。零失業只是一種理想，大規模失業也有可能發生。失業人員，收入沒了，經濟上壓力很大，精神上壓力更大，因此，有相應的失業保障和社會經濟，則是一種不可或缺的緩衝方式。

二是醫療保障。有人戲稱，現代中國人，頭上又有三座山了，一是買房，二是子女上學，三是醫療費。醫療費因為各種原因，總在攀升，不見減緩，沒有單位醫療或者雖有單位無能力報銷醫藥費的病人，受到雙重壓力。公費醫療制度不改革已經不能為繼了，而醫療保險制度的建立還需要全社會的共同努力，但這個方向，確定無疑，現在的問題，是要操作得當，穩中求快。

三是養老保障。過去是退休金，退休金制度壓垮了很多企業，企業吃不消，退休金也常常發不出，不行了。現在改為養老金制度，方向很對，同樣需要加緊進行，穩中求快。

社會保障體系的改革，需要三方共同努力。首先是國家負起責任，其次是企業嚴格按照規定交納各種費用，三是個人參與其間，擔負起自己的那一份責任。

單從個人這個層面看，建立社會保障體系，應遵循以下原則：多繳者多得；少繳者有保障；無能力繳納者有救濟。

所謂多繳者多得，即繳納社會保障積累金多的公民，他的所得也多。其中收入很多者，完全可以自由打理自己的生活，看病選最好的醫院，挑最滿意的醫生，退休以後，依然能保證一份很不錯的養老金收入。

所謂少繳者有保障，即收入不高或因為種種原因出現失業的公民，也可以享受到必要的社會保障服務。失業了，可以生活無虞；生病了，可以得到有效的治療；退休了，可以保證生活來源。

所謂無能力繳納者有救濟，即對那些因為各種原因不能繳納或根本未曾繳納社會保障費用的公民，也有相應的救濟體制。使他們

有飯吃，有衣穿，有基本的**醫療條件**，生活不能自理時，可以進社會福利院。

我相信，有了這些保障，現代人的煩，就少多了；累，也少多了。精神少煩，內心少累，工作生活，傾向友好，面對快活。

雖然全國十幾億人，達到這樣的目標，還有很遠很遠的路要走呐！但如果公民真有自覺，政府真有決心，體制真有效果，操作不出現失誤，那麼，這個目標是可以達到的。

到了那時，中國人始可以稱為現代人，或者說成為現代意義上的中國公民。

3.關於社會服務

社會服務包括各種專業性公司的服務和社會服務，以及各種義務服務等。社會服務完全是現代市場經濟的產物。中國傳統文化中只有權力性服務和道德性服務，社會服務云云，沒聽說過。

所謂權力性服務，即他是官，你是民，你就得為他服務；他是主，你是奴，你只能為他服務。說服務都不對，準確地說是伺候，是侍奉。《紅樓夢》中有多少奴僕，她們知道什麼叫服務嗎？他們只知道伺候老爺、少爺，侍奉老太太、太太，能巴結到侍奉主子地位的奴婢，都不是一般奴婢了呢！

所謂道德性服務，即朋友間的交往，因為你是老朋友，為朋友兩脅插刀，你有了事，我替你辦，我缺錢，先花我的，只要我有飯吃，保證兄弟你也有飯吃，這不是服務，這是義氣。然而，完全靠著義氣維繫的人際關係者，靠著義氣維繫的社會生活，自古以來，不曾有過。

　　所以在我們中國人腦子裏，尤其是沒權沒勢的平民百姓的腦子裏，服務這個概念，十分生疏。因為它離我們太遠了，要說服務，也是我們為人家服務，人家大首長們有服務員、警衛員，你一個小老百姓，不自己為自己服務，還想五想六兒，不是做白日夢麼？

　　因為沒享受過社會服務，所以有點方便，就高興得很，滿足得很。我在北京住了幾十年，計劃經濟時代，萬物皆缺，服務是個零。買點什麼都不方便，進荊棘之區，久而不知其難，人都麻木了。後來，離家不遠，有了自由市場，老爹老娘高興壞了，買東西近了，東西又多了，天天逛市場，天天有好貨。有時候早晨去了，上午還去，上午去了，下午還去。其實自由市場──馬路市場很不衛生，但窮慣了，不方便慣了的中國人，能有這樣一個大市場，已經很滿足了。

　　沒有社會服務，再無錢當然不方便，即使有相當的收入，也很不方便。有一次，我去換煤氣罐，路上碰上一位「同行」，一路走一路不高興，問他為什麼？原來是位計程車司機，晚上跑了大半夜活，早晨剛睡著，街坊一位大爺的煤氣沒了。煤氣沒了，吃不上飯了，求他給換一罐氣去。人家煤氣本也拿來了，錢也拿來了，不去，不合北京人老街坊之間的人情物理。去，實在不想去，讓別人去，又抹不開情面，只好睡眼朦朧，一邊生著氣，還裝著笑臉替鄰居大爺辦這事。

　　這事情給我印象深，我想，類似這樣的情況，這麼大的北京，一定不少，幸好這位老人有這樣一位好鄰居，如果沒有這樣一位鄰居，他老人家的煤氣罐怎麼換呢？

　　城市生活，越來越複雜，各種意外，時有發生。比如老人有了急病，比如忘帶鑰匙了，比如家裏發現蛇了，比如小偷光顧，比如熱水器壞了，比如要送一封急信，等等。

　　傳統渠道，「官氣」嚴重，現在有些改善，仍不盡人意，比如到郵政局寄東西，時不時要看人家的臉色，高興了給你幾句好話，

否則臉蛋一拉老長，說話還帶刺，把他的那些不高興全倒你身上了。身為公民的尊嚴，為著一個郵包，沒了一半。

現在有了快遞服務，好了，多花幾個錢，省了多少事。

可喜的是，現在也有了這樣的小區，服務到位，想買花有人送，想買茶有人送，想換煤氣有人管，想寄個郵包有人上門服務。

現代文明理應帶來社會化專業化服務，這些基本的服務都享受不到，還提什麼現代化！

現代文明已經入資訊時代，各種社會服務應該做到越來越快捷有效越來越舒適越能滿足各類不同要求才對。

我知道一家人，老人好，女兒女婿也好，但老人年紀大了，糊塗了，不但生活不能自理，有時半夜起來亂走——其實走也走不動了，有時摔在地上，幾小時起不來。兒女焦心，老人受罪，正好現在的各類福利院不少，找了一家比較合適的，把老人送去了，女兒每週看望，據說老人的狀態不但穩定了，而且身體也恢復了很多，白天晚上有人照顧，當兒女的心也不至懸在半空中了。

現代人享受現代服務，這是你的權利，為著享受這權利，必然會更努力地工作，更愜意地生活。

4.關於環境保護

生，離不開環境，沒有適應的環境就沒有人類，這是不言自明的事。現在生物界對生物起源有許多學說，有人認為最早的生命出自地球本身。有人主張生命的起源來自外星球，是隕石給地球帶來生命。不管怎麼樣，沒有適宜的環境，生物不能存在，人類更不能存在。人類要生存，環境要保護。

因為人類的數量太大了，稍不留意，就會給自然環境帶來永久性傷害。因為科技發達了，人類的力量太大了，人類的力量顯然遠遠沒有大到再造一個地球的程度，卻已經達到可以輕而易舉地毀滅地球的程度！

而人類的整體素質還太低，以致雖然千萬呼籲，百般保護，那些為著私欲為著小集體利益；而蓄意破壞環境的事件還在月月發生，日日發生，時時刻刻都在發生。

如果所有耕地都荒漠化，或半荒漠化了，人類靠什麼維繫生命？如果水源都被污染，甚至被嚴重污染，人類還怎麼生存？如果所有空氣都成了三級、四級、甚至五級，人類又怎麼呼吸？如果生物鏈全被破壞了，人類孤孤寂寂，人類又怎能獨存？

因此，環境保護已經成為世界性，歷史性，人類性課題。而且形勢嚴竣，它再也容不得有半點疏忽，半點放肆和半點耽擱了。

可惜的是，依我們中國人的傳統脾氣，我們是寧可忍受未來的煎熬，也絕不放棄眼前的利益的。你和他說節約用水，沒用，對牛彈琴，牛兒該吃草還吃草，該放氣還放氣。等到真沒水了，要限量供應了，他也能忍；要按時供水了，他又能忍；真的沒法生活，要拋棄舊家，四處流浪了，他還能忍。在中國文化的一切壞秉性中，我以為這是最壞的一種。它比柏楊先生總結的「窩裏鬥」還要壞，無以名之，名為「癩皮症」，庶幾不錯。

但改變這脾氣，不僅是觀念問題，尤其是體制問題。這脾氣本質上依然是小農經濟的產物。一個中國人，他可以肆無忌憚地砍伐山林，然而，他不會去拔鄰居家的一棵小草，要拔，也一定讓鄰居知道，征得人家的同意。

為著改變這品性，也為著保護我們子孫萬代賴以生存的環境，為環境立法是第一條；改變小農文化的土壤是第二條；給所有的土地、資源找主人是第三條，三條並行，中國的環境保護，才有希望。

　　然而，現在的情況，還很不妙。以水污染治理為例，困難之大，問題之多，很有些越出人們的想像。據《北京晚報》2000 年 11 月 6 日說：「滇池水質惡化，達劣 5 類。」

　　什麼是劣 5 類，其背景資料說：小質道帶分五類，1 類，2 類水可以飲用，3 類水只能用於工農業生產，4 類、5 類水為重度污染。喪失使用功能，而劣 5 類是指品質低於 5 類的水質。

　　4、5 類水已經喪失使用功能，而滇池水已達到劣 5 類標準。

　　但並非沒有治理。為治滇池的水污染，已經「投資進 40 億元。」投資 40 億，水質還是劣 5 類。這 40 億連個水漂都沒有打成。但文章沒有說，因為滇池水污染造成的各種經濟損失價值多少個億。它也沒有說，因滇池水污染造成的社會文化損失又價值多少個億。

　　昔日孫髯翁在大觀樓題長聯，寫景物，抒詩情，成為千古佳話，其上聯云：

> 五百里滇池，奔來眼底，披襟岸幘，喜茫茫空闊天邊。看東驤神駿，西翥靈儀，北走蜿蜒，南翔縞素，高人韻士，何妨選勝登臨，趁蟹嶼螺洲，梳裹就風鬟霧鬢；更蘋天葦地，點綴些翠羽丹霞；莫辜負四圍香稻，萬頃晴沙，九夏芙蓉，三春楊柳。

　　然而，我們不但辜負了這美好景色，而且玷污了她，傷害了她，甚至有可能毀滅了她。此時此刻此情此景，作者無言：

　　──誰問我，我問誰？！──誰憤慨，憤慨誰？

八、描述新人類

——一種活法，一種形象，一種文化

1.漫話古今新人類

　　討論生、死問題，不能不涉及新人類。但僅僅是涉及，未免膚淺。要說解析新人類，又有些誇大。何況，所謂新人類，即正在興起的「人類」無疑了。對於正在興起的事物，說把握它就說得早了，說認識她就說得過了。人家正在興起，你再怎麼認識，也是有限的。但這是一個不能不涉及的話題，於是，我現在做的，只是一個「描述」。描述新人類，不當或不得要領的地方，還請方家指教。

　　新人類這個詞未知起於何時，但在 20 世紀 90 年代來越來越頻繁地出現在各種媒體上，則是不爭的事實。這說明，新人類的影響越來越大了，而且在新人類後面，又有了新新人類，在主流人類之外，又出現了「另類」人群。新人類，新新人類加上另類，使得中國，也使得世界文化更為鮮活，更為精彩，更為刺激，也更為熱鬧。

　　新人類，在中國大陸大約是指出生在 70 年以後特別是出生在 1970 年代或 1980 年代的那一代人。過去有作家寫過「第四代人」，這新人類，如果可以按代去排的話，大約屬於第 5 代或第 6 代人了。但它並不是一個代的概念，即使是 70，80 年代出生的人，也並非

全屬於新人類，新人類除去出生時代之外，還是一個文化概念。他們之所以稱為新人類，是因為他們的生活方式新，他們的思維方式新，他們的活動方式新，也包括他們追求的時尚新，形象新，衣著新，裝飾新，生存與藝術觀念新。因為他們與原有的觀念、行為、形象、生活方式有了全新的區別，始可以稱為新人類者。

　　另類的情況有所不同，稱為另類的，未必是全新的，但肯定是具有反叛色彩的。他們中或者也有中年人，甚至老年人，然而他們雖為中年人，不入中年人主流；雖為老年人，也不入老年人主流。他們或生活在主流人群外，或生活在邊緣狀態，但不管生活在何處，他們總是與主流人群，主流文化有著質性區別，彷彿羊群裏出了駱駝，又好比蛇洞中出了鱷魚，更好比牛群中出了大象。總而言之，他們與眾不同，不是一般不同，而是品類不同，於是，人們便稱其為另類，或者他們自己也願意以「另類」自稱。

　　新新人類當然也屬於另類，但他們比新人類更新，有人認為這主要是指出生在 80 年代末或 90 年代之後的一代，如果是這樣，這還是正當青年或將及成年的一代。雖然年紀輕輕，已然表現出全然不同於前人甚至不同於新人類的「新新」特色。如果說，新人類還是有些自覺的「活」法，那麼，新新人類更多的表現則不再是自覺的，而是自為的了，或者說，他們已無須自覺，很自為地便成就了其「新新」之品性。

　　另類是對傳統主流的一種反叛，新人類則是對傳統社會人的一種剝離，到了新新人類這裏，大約已經成為新的生活的享用者，他們無須再用那麼反叛的態度去對待人生，其自在特色已然呈現出全新的風采。

　　但主流文化的慣力仍在繼續，新新人類能否成為社會的主流，則是一個未可推論的問題。但他們既已出現，便不能不引起社會的關心與文化的互動。這也正是本書對他們特別關注的原因所在。同

時，為著敘述的方便，一般只用新人類作為代名詞。新人類形象，古已有之，另類文化，同樣如是。

戰國時代的屈原，就是一個另類。那本是一個百家爭鳴的時代，他都過百門而不入，只管一心一意忠於楚國，非另類而何？那本是一個連橫，合縱的時代，天下士人，不去西秦，便遊列國，他雖被放逐江湖，卻只顧長吟江畔，苦頌離騷，又非另類而何？他自我評價說：「舉世皆濁我獨清，眾人皆醉我獨醒」，正是他身為「另類」的輝明寫照。

東漢時代的王充，也是一個另類，兩漢時期，儒學經典地位獨尊，天下士人，皆為儒生，所爭所鬧，不過今文古文而已，王充也是儒生，但他特立獨行，既要「刺孟」，又要「問孔」。孟子是亞聖，他都要對孟子行「刺」，孔子是聖祖，他又要對聖祖生疑，留下一部《論衡》，一個世紀不被人理解，若非另類，又是什麼？

漢末三國時代的曹操，也是一個另類，他本孝廉出身，然而，本人卻是一個梟雄，有人說他「奸雄」，他不以為忤，反以為榮。他選用人才，不看品行，而是「唯才是舉」，只要有才，不問出身。他寫文章，不管傳統，不守規矩，要說就說，要笑就笑，敢怒敢罵，灑脫不羈。魯迅先生說他是「一個改造文學的祖師」，「膽子很大。」這樣的人物，不是另類，又是什麼？

文學人物中，賈寶玉是個另類，而且是新人類。別的貴族少年，不是戀錢，就是戀權，獨他不然，說男人污濁，女孩兒清新，不願與鬚眉為伍，但願為女兒家疊被鋪床，關心脂胭勝過關心功名，關心青春女性勝過關心「四書」「五經」，什麼「文死諫，武死戰」，在他那裏，一概都不中聽。什麼經濟文章大道理，在他那裏全是狗屁不通。這樣的人物，當真是另類再加新人類了。

其實，孔子也屬於另類，因為他另類，所以他一生主張，不被社會主流所接受，他棲棲惶惶，周遊列國，也得不到當權者的些許

賞識。他所作所為，官方不解，民間亦不解。所以人們才罵他「四體不勤，五穀不分」。才「困於陳蔡之間」，「絕糧三日」。孔子生於春秋晚期，他的學說，經過整個一個戰國時代，在當權階層都找不到賞識者，直到漢武帝時代，才成為官學。一個人的學說，要經過差不多 400 年時間才被人接受，孔子不但是另類，而且是大大超前於歷史的另類專家。

新人類與另類的產生，需要相應的社會條件，一般地說，在社會發生重大轉折的關頭，便給了新人類以活動的舞臺，而在歷史發展相對平穩的時期，則新人類無法產生，有些另類，命運也艱難。比如奇裝異服，在平穩時期，人們不接受他，穿也可以，但不能持久；往往被主流社會七批八批，成了千人所指的東西。但在歷史發展的重大轉折關頭，或者一種新文明日新月異的歷史時期，另類有了知音，新人類有了生存基礎。他們不但不會很快歸於沉寂，而且灌注給歷史的發展以無法替代的先鋒，時尚作用。

中國古代的新人類，魏晉南北朝時代是一個重要時期。《世說新語》在某種程度上，可以看作是彼時新人類的語錄，其中「任誕」、「簡傲」二篇，尤為突出代表。比如劉伶喜歡豪飲，有時任性放縱，裸體在家中痛飲，別人諷刺他，他說：「我把天堂和大地當作房屋，把房屋當作褲子，誰讓你們鑽我褲襠裏頭了。」

阮籍的嫂嫂常回娘家，他碰見了就和她道別，這辦法在當時很難令人接受。他也滿不在乎，別人說他，他回答說：「禮法難道是為我們這類人設立的嗎？」一副我行我素的另類行狀。

王子猷給桓沖作騎兵參軍，桓沖問他，「你是什麼官？」回答，「不知道，但常有人牽馬頭，大概是馬曹吧。」桓沖又問他管理多少馬？他回答，「不問馬，怎麼知道馬的數量。」又問最近死了多少匹馬，他想起聖人的話，便說：「不知生焉知死」還有一個叫謝萬的，當著他哥哥的面，四處去找便壺，這等作派，驚世駭俗。

　　魏晉時代，正是中國發生巨變的時代。西漢儒學，已走進死胡同，新的生活方式正在形成，於是新人類出來，獨領風騷於一時，給後人留下種種佳話。魏晉時求新求奇，那情形有如現代大陸中國人的泡吧，上網，洗蒸氣浴。

　　中國古代另一個大轉變時期發生在明代末期，其起始點，約在正德年間，這時的儒學，在經過宋時新儒學的重新輝煌之後，又出現重大危機，於是一些新人出來，講叛逆話，做叛逆事，但也不是另起爐灶，更不是嘯聚山林，而是在儒學的舊講堂之上，提倡自己的新主張，新見解。其代表人們如王艮，如何心隱，如徐渭，如唐伯虎，如李贄。王艮是灶丁出身，後拜王宗仁為師，但他不遵禮法，另有一派自家道理，頭戴五常冠，穿著深衣，手裏拿著笏板，到北京四處講學，時人不解，稱他為「怪魁」。

　　徐渭是大藝術家，能詩能畫能書法。但他行為怪異，放蕩自任，也曾發瘋，更多狂躁，到了晚年，自作年譜，起名《畸譜》。這樣畸人，當真另類。

　　李贄本是儒生，自稱「和尚」。他不以孔子之論為論，不以儒學之學為學，雖然骨子裏還是個儒生，卻說自己五十以前「尊孔子不知孔夫子何自可尊」，譏諷自己是矮子看戲，是前犬吠形，後犬吠聲。他認定「穿衣吃飯，即人倫物理」，把自己的著作，或名為「藏書」，或名為「焚書」，認為非藏之必焚之。最後以耆年老翁自刎於獄中。

　　歷史上大規模產生新人類的年代，首推 20 世紀五四新文化運動時期。這個時期，從文化人物到政治人物，從政治家到文學家，不但新見奇見迭出，而且不乏驚世駭俗之論。有些文章，今日讀之，猶凜凜有不可侵犯之氣。有些見解，今日思之，猶覺鮮活浪漫不似出於前人之手。其中代表人物，如陳獨秀，如胡適，如魯迅，如周作人，如蔡元培，在今天都成為新文化的主流派代表人物，而在當時，卻大半屬社會另類的範疇。

　　由此可知，新人類正是歷史發展的必然結果，又是促進歷史發展的動因之一。但我這裏指認的新人類與古之新人類亦大不同，與前之新人類大大有不同。從現象上看，別的新人類只是後人們對他們的一種推論，一種概括，而今之新人類，正是「新人類」的創造者，這名稱就其本義而言，亦是他們的專利標識。從內涵上看，今天新人類，顯然有著與上述種種新人類、另類不同的文化與社會歷史背景。

　　凡此種種，亦是當今新人類的魅力所在。

2.新人類特徵描繪

　　新人類尤其新人類的基本特徵是自由自在，所謂「自由自在再生的一代。」他們有共性，但更強調個性；有自覺，但更強調自在。他們上一代人，也強調個性，但那往往是共性中的個性，大家基本一樣，各人略有不同。新人類全然不是如此，他們追求的是一人一樣，你這個特點，我不，我是另一種。所以描繪新人類的特徵，本身就有些難度。這些描述，主要說的是一種傾向，傾向如此，現實中的新人類，更注重的是各天各地，各說各話。

　　本人認為，新人類有以下 16 方面的表徵性。

（1）玩，玩世不恭

　　玩，對於新人類而言，乃是無比重要的事。基本可以說，玩就是新人類的主題。

　　人類本性，就有玩的因素在內，且無論何時何代，都有自己玩的內容，孔子好遊春，好音樂；漢人好投壺；晉人好飲酒；宋人好

蹴鞠；明人好奢華，都與玩有關，革命的偉人，也主張不懂得休息，就不懂得工作，但像新人類這樣的玩法，未曾見過。他們好玩，不但把玩看成娛樂，而且把玩看成生活，看成生命的要素。幹閒事算玩，幹正事也算玩。老北京人玩花玩鳥玩蛐蛐，把自己看成是「蟲」，新人類，不玩這些了，他們要玩音樂，玩舞蹈，玩詩歌，玩小說，玩電影，玩電腦。

音樂本頂高雅的事，不行，得玩；

舞蹈本頂藝術的事，不行，得玩；

文學創作，何等嚴肅，但在他們那裏，不過玩玩而已；

電影、電視，是現代人須臾不能離開的娛樂形式，正好給他們提供了「玩一把」的活動平臺。

新人類本性好玩，無所不玩，最反感的就是假正經，而他們眼中那些假正經，正是他們的前輩或前輩的前輩眼中的真正經，大正經，他們為著這正經，要正正經經向新人類表達自己的觀點，宣傳自己的主張，但新人類不買這賬。他們會反問：有這麼正經嗎？有必要這麼正經嗎？有這麼重要嗎？就算很重要很很重要，玩一把就不行嗎？

新人類玩得起勁，老正經七竅生煙。而新人類的特點，就是能化憤怒為玩笑，而且能化憂愁為玩笑，還可以化煩惱為玩笑。米蘭・昆德拉親歷蘇聯人侵略他的祖國，但他的小說，偏不以憤激出之，而以幽默出之。他的代表作品《生活不能承受之輕》，《玩笑》，恰合新人類對待生活的意趣。

他們喜歡玩笑，但這玩笑要真的好玩才行。即使你傷害了他們，他們不再與你來往了，也絕不紅頭漲臉和你大戰，或者斤斤計較與你算賬。他們的典型表現是不認識你了，他們的典型用語是——不跟你玩了。

那意思是說，既然你不愛玩，還跟你費話幹嗎？玩得好我玩下去，玩的不開心，算了，拜拜了──找好玩的玩去了。雖然新人類以玩為主題，但並非玩不出名堂，實際上，他們還很能玩出名堂，《北京青年報》2000 年 6 月 23 日在《開卷》欄登了一篇文章，題目叫作〈晚晚生代來了〉說「80 年代出生的人在 2000 年浮出水面。」

這正是玩的一代，然而玩的有水平。他們不但在生活姿態上標新立異，在小說詩歌散文等文學方面都有自己的成功創作與創見。

新人類以玩代幹，幹中有玩，玩中有幹，幹是協奏曲，玩是主旋律，這樣的人生表現，縱然不值得我們這些舊人類欽佩，至少該引起我們這些舊人類的思考。

（2）奇，奇形異狀

新人類不但心態大異於前人，而且其形象追求更有特點。那形象，在凡俗者眼中，就是奇形怪狀，怪不忍睹，看一眼都要頭暈半天，想一想都可能血壓升高。有批評者說：

> 現在，「新新人類」們願意在外表上大下功夫，把頭髮染成五顏六色，穿耳洞、舌環、鼻環、肚環，身上刺青，這一切在酷的原動力的驅使下，都不痛了！穿著奇高無比的矮子樂，手機上掛了成串的裝飾品。……整日飆車，流連於娛樂場所的五光十色中，卻說這是舒解壓力的方式。[1]

---

[1] 見 2000 年 8 月 19 日《參考消息》、〈無所適從的新新人類〉。

別的不說，單說那些環就夠要命的，耳環，歷史久矣，尋常人也戴，倒也罷了。還有鼻環，你又不是印度女郎，戴個鼻環所為何來。還有舌環，不知從哪學來的原始環藝，再加上肚環，更「可怕」了。再添一環，差不多「五環」俱全了。然而，這對於新人類來說，全是小菜一碟，而且這樣的形象這樣的裝束，正是新人類的形象本色。

你說男子戴耳環不好，喬丹也帶耳環，有什麼不好？戴個耳環也沒有影響喬丹的偉大。你說耳環是原始時代人們遭受屈辱的遺風，別開玩笑了，為著一個耳環，一下子想到遠古去了，您老不覺得累嗎？您不累，我們累。管他遠古不遠古，我喜歡，我戴，我高興。完了。不信，您也試試，且看感覺何如。

新人類的裝束，直讓他類頭痛。然而，這並不影響他們的快樂，反而增添了他們的刺激感。實際上，相當多的人，對這些新的裝束已經接受或正在接受著。舉例來說，日本足球近些年來出盡了風頭，但它的那些隊員都年紀輕輕，而且具有新人類的某些特徵。有評論者這樣寫道：

在悉尼奧運會的棒球比賽中，日本選手中村紀洋把頭髮染成金色，十分引人注目。但是在足球選手中這根本算不上稀奇。金髮、綠髮、光頭，什麼樣的都有，這些甚至連個性都算不上。

連個性都算不上的東西，還有必要對它大驚小怪嗎？

其實，新人類追求形象新奇，奇形怪狀，也是一種藝術。比如中國傳統戲劇的臉譜，要說奇異，更加奇異，我們接受臉譜覺得困難覺得緊張覺得不可思議了嗎？

美國 NBA 球員中，很多人都有刺青，有的還把中國漢字刺在身上的顯著部位。例如坎比，就在胳膊上刺了一個醒目的「勉」字，艾弗森則在脖子上刺了一個「忠」字。

某一天，我對這現象來了興趣，想問問刺漢字的外國運動員還有哪一位。於是有年輕人問我，是不是又想起愛國主義來了。這問

題有點諷刺意味，但一看見漢字就想猛抒愛國主義情緒的人一定也不少，不過，真的那樣，可就有點過於幽默了。

（3）個，個性第一，不干涉他人

新人類喜歡個性，但並非刻意地追求。他們認為，個性是全然合理的，沒有個性，差不多就與沒有生命相同。

他們喜歡個性，只追求玩得更有興趣，並不知道要批判誰，要分析誰，或者要和誰誰誰有什麼過不去。因為喜歡個性，所以也特別喜歡那些能張揚個性的娛樂或體育運動。他們喜歡蹦極，喜歡過山車，喜歡快速滑道，喜歡攀岩，也喜歡去大自然中長途跋涉。

你不要看他們從小沒有受過多少苦，既沒有受到過饑餓的威脅，也沒有上山下鄉的經歷，而且平時的表現，還頗有些嬌嬌嫩嫩，懶懶散散。

然而，他們喜歡刺激，越是刺激，越能激起他們的內燃力。而且，面對刺激，他們不怕危險，也不怕艱苦，不怕作秀，也不怕出洋相。高興了，就大笑；害怕了，就大叫；沒轍了，就大哭；甚至在眾人面前，還要把答應的事當面反悔，然而，也許不到 5 分鐘，卻又來了新的勇氣，把反悔的事情再反悔過來。

他們喜歡刺激，但不干涉別人，不因為自己的勇敢而驕傲，也不因為別的人不夠勇敢而批評人家。

我幹我的事，你幹你的事，我有我的個性，你有你的個性。我一天蹦三次極，是我願意，你一輩子不蹦極，也很正常。你攀岩得了冠軍，我祝賀你，我就是拒絕攀岩，但我可能另有展示自己個性的理想。那理想是什麼？還沒想呢！等想起來，再說不遲。到時候，它也會活靈活現，讓你們吃一大驚。

（4）輕，活得輕鬆，不喜歡沉重

新人類喜歡生活，更喜歡自在，對婆婆媽媽，十分反感。年輕人不喜歡先輩嘮叨，也是人之常情。但新人類在這方面的反應顯然要強烈得多。你一說他，他就不高興，說多了，還要沈默，還要翻白眼，還要加倍反駁。他們的習慣抗議語是：你累不累呀，你煩不煩呀！到了這般時候，您自我感覺不累都不行，自我感覺不煩也不行。你不累，人家還累呢，你說的不煩，人聽的煩了。

新人類尤其反感說教，什麼明天呀，前途呀，後果呀，以及道德呀，理想呀，影響呀，面子呀，誰誰不高興啊，還有什麼注意事項啊。你說得越多，新人類越聽不進去。在他們看來，一個人有多少快樂時光，都讓這些沒頭沒腦，亂七八糟的東西給擠佔了，太沉重了，快窒息了，沒法出氣了。

對於一些傳統話題，新人類自有新解。舉凡聽起來越沉重的內容，你就是再好，再有意義，他也一樣不感冒。

比如人的遺傳基因成為熱門話題，於是有人預測，21 世紀的人，有可能活 120 歲，甚至 150 歲。理論界對此認識不一，還發生了爭論。有人說 150 歲的壽命預測有根據，也有人說這是天方夜譚。但新人類的視角獨特，他們覺得長壽固然是個好消息，但也不能太長壽了。活 150 歲，起碼要工作 90 年，不免太恐怖。現在人工作 40 年，已經很恐怖，工作 90 年，對不起，您讓我先回去得了。

新人類反對沉重，並非就是害怕勞累，但他們與前人不同。如果說他們前輩常常使用「以苦為樂」的觀念來勉勵自己的話，他們才不喜歡以苦為樂呢！苦就是苦，把苦愣說成樂，那不成傻丫頭或傻小子了嗎？苦不能變成樂，但為著「樂」，卻可以吃苦。比

如為了減肥，苦也不怕，為著美容，苦更不怕。為著這樣那樣關乎歡快的大題目，就是苦出油來，也滿不在乎，眉都不皺，眼都不眨。

因為反對沉重，所以喜歡輕鬆。相當多的人，對幽默很有興趣。有時候，連幽默都覺得太高深了，對諷刺，對玩笑，有著特殊的領悟力。一個很小的說笑，他們的先輩們還沒琢磨出那搭兒可笑呢，他們早樂爬下了。他們是天生的樂天派，所以對香港衛視「鏘鏘三人行」之類的節目，特別中意，津津樂道。不唯這節目，就連根據這節目編的一本《一笑了之》，也很暢銷。這裏引兩則幽默段子如下：

一則，馬桶的威力。

1944 年夏天，英國遭受空襲時，一所出租公寓被炸彈擊中，硝煙散盡，人們發現，一位老人不見了。救護隊聽到廢墟中傳來的笑聲，從廁所的殘磚碎瓦中挖出了毫髮未損正哈哈大笑的老人，問他何故如此，老人回答：「我一拉抽水馬桶，這房子就倒了。」

另一則，無題。

登陸艇在向諾曼第進發的過程中，大兵瑞恩問中士：
「最近的陸地有多遠？」
答曰：「兩海哩。」
「朝哪個方向？」
答曰：「向下。」
我曾把這兩個段子說給一些中年人聽，人家面無表情，一點不笑，不覺其樂，只覺其怪。問年輕人何故，回答：你們哪懂幽默。得，連問話的人也繞進去了。

（5）信，相信自己，自我張揚

中國傳統，不讓你相信自己，在家相信老子，在外相信君王。革命年代，不講老子，皇帝了，但也不講自我，講的是相信組織。我們這一代，年輕時受的就是相信組織的教育，現在人到中年了，有點自信，也很可憐。常用語之一是，你以為你是誰？你以為你是誰的意思就是你不要以為你是誰，你以為你是誰的意思就是你不要以為你是誰，再接下去，那意思是說其實你只是你而你並不是誰，最後的結論是，你不過只是個你罷了。

新人類相信自己，完全徹底，不容商量。彷彿他們生來就是如此，相信自己沒商量。他們的邏輯：我都不相信自己，誰相信我自己；我都不知道我是誰，你們誰知道我是誰？

新人類相信自己，從自我出發，興趣如此，志向如此，用語如此，取向如此，沒有那麼多囉嗦，也沒有那麼多麻煩。而且，他們的這種價值表現，終於有了典型的代表性人物。《精品購物指南》2000 年 12 月 5 日，有一篇題為〈文學中的興奮劑：韓寒、衛慧和王朔〉的文章。把這三位放在一起，可說是獨具慧眼。其實他們不同齡，例如將王朔放在新人類裏，好像年齡有點不合適了，但那風格，確實相似。

王、衛、韓，都是自我派。王朔的特點，是自說自話，他的小說，個性化語言非常鮮明。不管你喜歡不喜歡他，一看這小說，就知道，這是朔爺的作品。有人不高興王朔，罵他的小說是痞子文學。其實，說痞話的文學作品不少，但王朔獨樹一幟，因為就是痞味，也是王朔式的。放火裏燒三天，再放水裏泡三天，然後擱冰裏冰三天，整出來一看，依舊痞頭痞腦，依舊鮮亮活現。

今年，王朔沒出小說，出了一本《無知者無畏》，又來一本《美人贈我蒙汗藥》，讓大小媒體熱了一道。支持王朔的人不多，罵他的反對他的人不少──從網上看彷彿如此，但看他的書能有那麼大的銷量，知道為他喝采的也一定大有人在。

批評他的人雖多，卻往往東說西說，找不到切口，好像狗咬刺蝟，沒處下嘴。因為朔爺對理論不感興趣，雖然討論的好像也是理論問題，但對理論依然不感興趣。對理論既不感興趣，對各種理論流派更不感興趣了，什麼現代、後現代，朔爺全不理會，人家說的就是人家想的，一切從自我感受而來。彷彿神鞭傻二，武器是自己生出來的，什麼刀譜、槍譜、拳譜，一概不懂。「我是流氓我怕誰？」「我」都是流氓了，你再拿什麼罵我，也跟表揚我差不多少。

所以只相信理論的人沒法跟王朔過招；

一個不相信自我的人也沒法跟王朔過招；

而一個全然相信自我的人大約也就無須和王朔過招了。

有幾個先生議王朔，很有意思。

一個說，這個王朔，真夠王朔的。

另一個說，錯了，應該說，這他媽王朔，真他媽王朔。

又一個說，不行，應該說，這他媽丫挺的，真他媽夠丫挺的。

然而，即使罵得再痞些，就算弄懂王朔了嗎？

衛慧不同於王朔，她比王朔更前衛些，但在相信自我這一點上，一點也不比王朔遜色。

衛慧的書，多寫自我感受，即使這感受不全然是衛慧的，必然是衛慧所認同所許可的。她或她小說中的主人公，不忌諱談自我，不忌諱談性，不忌諱談各式各樣的自我人生。或者毋寧說，她更喜歡談自我，談性，談性感受。那口氣，那心態，那風格，也都是非常個性化與自我化的。

　　批評衛慧的人，認為她只是賣弄自己的那一點感受與嘗試，然而，能把這些寫出來，而且寫得很有讀者，也不是人人可以做得到的。衛慧做了，而且做得很有影響。於是有人支持，有人喜愛，有人厭煩，有人怒惱。說好說壞，莫衷一是。據說她的一本小說，還受到查封的命運。

　　執法者不同意衛慧，認為她的作品違背了出版法，禁止可也；批評者不喜歡衛慧，認為她的作品有這樣那樣的毛病，批評可也；反對者厭煩衛慧，認為她的作品實在沒有可取之處，連被批評的資格也沒有，不看可也。然而，你不能說衛慧寫了性，她就是個不好的人，如果你這樣說了，那麼，你就會為此付出道義方面的代價。因為衛慧實在也沒做什麼，她不過寫了一本性感小說罷了。

　　韓寒也是如此。韓寒輟學，就因為那學習不合他的興趣。沒有興趣，就不學了，這正是新人類式的學習態度，這態度不僅韓寒一人而已。有人批評他們說，按他們的智力，不是不能接受數、理、化，而是他們根本不用心去學。不用心去學，怎麼能學好呢，再進一步說，能接受而不接受，就不是能力問題而是態度問題了。但這樣的思路，根本與新人類式的想法格格不入。

　　他們喜歡自我，尊重自我，絕不委屈自我。你認為興趣不重要，他們認為興趣最是要緊之事。我沒興趣了！這就等於一個宣言。而且宣言後面即行動，因為我沒興趣了，所以，就不再去理它，管它有用也罷，沒用也罷。

　　一些好心人，給韓寒講大道理，苦口婆心，說長論短。然而，雙方的觀念是不相容的。你說你的理性，人家想人家的興趣，風一事，牛一事，馬一事，風、馬、牛不相及，說來說去，還是該不相及猶不相及。

　　理解新人類，先該明白自我是怎麼回事，否則，免開尊口。如若不然，也是瞎子點燈白費蠟。

（6）真，童心無忌，任意發揮

新人類極富童心，而且看那勢頭，好像童心永在，永遠也長不大似的。

他們喜歡玩具，喜歡卡通片，喜歡聽各式各樣的童話，也喜歡開各種各樣的玩笑。在一些人眼裏，他們本身簡直就是一種玩笑，一個童話。

他們老大不小了，但要擺一個大大的熊貓，或者一頭大大的胖狗，或者一頭大大的大象，或者一個大大的娃娃在床上。白天看它們笑，晚上抱它們睡，沒有這樣的玩具，新人類的床就不完整，他們看著就不舒服。

他們愛玩具，尤其愛卡通，卡通人物須臾難離。從小看卡通片長大，電影看不夠，還要買卡通漫畫，或者卡通玩具。日本人的卡通作品，在中國大陸算是找到了知音。現在電腦相對普及了，他們更玩起了各種卡通遊戲，從古代到現代，從中國到外國，一玩上手，書也可以不看，飯也可以不吃，覺也可以不睡。

對這現象，有人批評，有人憤怒，有人教訓，說卡通是孩子的玩藝，有什麼層次，有什麼用處。新人類之新，就新在童心之上，孩子喜歡的，他們就喜歡，他們當孩子的時候就喜歡上了，現在大了，依然喜歡，這叫癡心不改，這叫愛就愛它一個夠。

2000 年第八期《讀者》登了一篇署名佚名的文章──〈新人類批判〉，列舉了兩個方面的問題。即：A「後兒童時代流行症候群」，B 老人類思索：新人類為什麼長不大。具體內容又分為 6 個側面，即：

a.卡通片：「寵物小精靈」的搖籃；

b.玩偶：玩具總動員；

c.鬧點兒沒所謂；

d.「421」型的新人類；

e.小燕子綜合症；

f.「裝嫩」是一種時尚。[2]

這讓老人類們焦心，讓他們不解，讓他們為他們的前程耽憂。

然而，新人類無所謂，他們這樣回答：

成熟＝世故＋圓滑，多麼可悲。[3]

我們不願意長大。[4]

（7）不從流俗，不屑高雅

新人類不從流俗，而且對「俗」的東西，天生持批判態度。什麼事情，到了他們那裏，一加上個「俗」字，就算完了。

人其實不能免俗，俗人不是壞人。但新人類生活起點高，不但拒絕壞人，而且拒絕俗人。

俗事也不允許，他們天生不願為俗事操心，三兩醬油二兩醋，這些玩藝，新人類聽都不聽。

不能辦俗事，不能穿俗衣。多好的衣服，只要與俗字一沾邊，立馬掉頭而去。

新人類喜歡玩具，但俗了不行。你不要以為，是個面娃娃就能讓新人類滿意，那你就太不瞭解新人類了。他們愛玩具，但這玩具一定要合他們的意，說得誇張點，朋友有點不可心都成，玩具不可心，一定不要。

---

[2]　6 項順序為引者所編。

[3]　引自《讀者》2000 年 12 期，「新人類批判」。

[4]　同上。

不喜歡俗，但也不喜歡雅。雅這件事在很多老人類那裏是最可敬重的，多少老人類，一提雅字，馬上起崇敬之情。在他們那裏，雅是與高尚連著的，作者雅了才能稱天才，音樂雅了才能進殿堂。

但新人類不高興雅，或者換個說法，雅也行，但不能有那麼多說辭，那麼多規矩，那麼讓人不自在。你再雅的東西，不能玩，不能樂，不能隨隨便便，他也不要。

傳統理論，好的作品，最難得的境界乃是雅俗共賞，而新人類的特色，卻是雅、俗兩不愛，多少有點油鹽不進的味道。

因何雅、俗兩不愛？因為新人類在本質上是充滿了異類色彩的。其外在表現是十分隨意，其內在追求十分反叛！管你雅的、俗的，太傳統了，不喜歡。

新人類欣賞藝術，文學要談後現代，音樂要聽搖滾，舞蹈要看現代舞。

當然不是說凡新人類個個如此，實際上，新人類中也有很不喜歡後現代文學，也有很不高興搖滾樂，又有很不耐煩現代舞的。實在他們中的許多人是看瓊瑤，看席絹長大的，他們對香港影視明星更覺親近，對港臺歌曲及文學作品更能溝通。但在本質上，他們的內心世界是與後現代的，是與搖滾樂、與現代舞相通的。

只喜歡港、台文藝的，即使屬新人類，也是一般化的新人類，他們可以與這個特定人群的關係是自由自在行入行出，而能夠達到後現代與搖滾層次的新人類，才是真正的新人類，即使他們並不真的喜歡音樂，也不真的欣賞搖滾也罷。

（8）不談理想，但有文化

新人類不談理想，理想這個詞在他們那裏是「出鏡率」最低的詞之一，除非作為諷刺。他們不但不喜歡談理想，甚至不喜歡談未

來。他們嘴裏的未來，頂多就是明天，連後天都嫌太遠。因此，他們從來不會為未來而著意，而焦心，而痛苦。你給新人類講未來，縱然你是未來學家，也擋不住新人類們打瞌睡。因此，有批評者說：

「新新人類」的痛苦散發著一點嬌氣、兩點霸氣。他們的痛苦來自：誰發財了，誰走紅了，誰又去美國了。他們不做理想夢了，不做文學夢了，他們當然不懂得懷舊是怎麼一回事。他們嘴裏念叨的是 GREEN CARD（綠卡）、VIP（主要人物）、BIG BOSS（大老闆），還有「小蜜」（小小年紀似乎並不妨礙經驗的成長）。

新人類不談理想，不等於沒想法。他們關心現實超過關心未來；關心自己超過關心他人；關心形象勝過關心道德；關心寵物有時勝過關心家人。

新人類看似沒有理想，但他們很有文化。講起吃、喝、玩、樂，人人都有一套；講到影視明星，個個都有見解；講到對周圍人的看法，內心自有評說；講到種種社會時尚，從不落後他人，而且常能見解獨到，冷不丁就會說出幾句「經典」來。

比如他們玩電腦，會給自己起種種有趣的名字。這名字有中國式的，也有外國式的，有很雅很雅，雅得讓人覺得靈魂都穿上大禮服似的；也有很俗很俗，俗得讓人看一眼都能俗一個跟斗，有的很新很新，就算你日新月異，也沒他新；也有的很怪很怪，怪的比海怪還怪，比奇怪還怪。

兩個網友切蹉自己的網名。

一個說，乾脆叫「豬頭三」算了。

另一個不滿意，說「豬頭三」已經有人占了，而且你知道「豬頭三」什麼意思嗎？翻譯成北方話就是「二百五」。

前一個又說：「二百五」差一點，要不叫「沒心沒肺」吧。

過去，人們愛給別人起外號，很多外號都帶點嘲諷的意思，以致於因為外號常常鬧得不快。但和新人類比起來，那不快就有點不

懂得幽默了。我由此聯想到我中學時有個同學，外號叫「大王八」的，別人老遠叫他──「大王八」，他馬上大聲回答：「哎」。於是，周圍的人都笑了。

新人類深知此理，所以豬、狗、驢、貓，只要喜歡，皆成雅號。

（9）喜歡有錢，有錢就花

新人類喜歡談錢，在他們眼裏，什麼都是俗物，唯獨錢這東西，不能算俗物。中國古人不愛談錢，以為錢非雅道，所謂「君子不言錢」。

新人類可不管這一套，什麼君子不君子的，對他們而言都是無所謂的事──順便說，因為他們沒有什麼君子感，所以也很少指責別人是小人。

新人類喜歡錢，喜歡大錢。能有 100 萬，絕不要 99 萬，能有 1000 萬，絕不要 990 萬。錢不怕多，最好「韓信點兵，多多益善」。

有多少錢不能花了？這是新人類的口頭禪。他們常常為自己算賬，一身名牌多少錢，一輛新車多少錢，一棟房子多少錢，再來一套別墅多少錢。算著算著，錢不夠了，那麼好，再在原來的數字後面加上 1 個零，要不加上 2 個零吧。你不要說，這麼多錢你花得了嗎？老人類可能花不了，新人類沒有花不了的，買一座別墅花不了，不會買 10 座嗎？哈爾濱一座，海南島一座，南寧一座，青島一座，北京一座，上海一座，錢要再多，美國一座，義大利一座，再加上巴西一座──看足球方便，俄羅斯再來一座。何況說這麼多別墅，沒一架私人飛機也不方便啊！

一方面喜歡錢，一方面又恨麻煩，所以新人類的賬，常常是混亂不清的，沒算一會兒，腦袋大了，去他一邊的，反正現在沒錢，以後錢來了再說。

新人類不見得能掙錢，但顯然很愛花錢，對他們的這種愛花錢，老人類們又看慣，也看不懂──

有位老父對客人抱怨：「我這個兒子，身上有 10 元錢，就敢打的，好像有十萬八萬似的。」兒子卻說：「有十萬八萬幹嗎還要『打的』，有五萬夠首付，我就買小汽車去了。」

新人類雖然愛花錢，卻不賴賬，傳統的中國人，常常在錢與面子之間煩惱。一方面，愛面子，有點錢不花覺得沒面子，另一方面，花了錢又真心疼，比如兩個人一起出去吃飯，都要搶著掏錢，否則，就是不仗義。但請客多了，錢又不仗義了。結了婚的，回家還要報賬，那些沒條件公款吃喝或者掙錢不算多的，常常為此弄得身心焦躁，怨天怨地。

新人類沒這苦惱，他們特習慣 AA 制，要吃飯，請掏錢，你掏你的錢，我掏我的錢，吃的又滿意，又沒精神負擔。

新人類喜歡花錢，更喜歡掙錢，為著掙錢寧可犧牲休息，也要忙著去麥當勞當鐘點工，當家教。

老人類常為新人類操心，其實，不用操心，他們會生活得很好，起碼生活得比老人類要好。

（10）喜歡流暢，不求其解

新人類的語言都是流暢的，反對高頭講章，反對板著面孔訓人，反對詰屈驁牙，反對陰暗晦澀。而且動不動就打著，「圈裏人」，打著「學院派」，打著「專業術語」等大旗號，在他們看來那全是假模假式，沒勁。

新人類喜歡創作，但絕不晦澀，在他們看來，晦澀就是失敗，好玩才有興趣。一篇小說，看都看不懂，還看它幹嗎？

　　一篇散文，動不動抒情八萬里，太費勁了，有那功夫，看一百部動畫片了。動畫片不用費思考，而必須一看就懂，一看就樂。雖然一看就樂，也不是寓教於樂，寓教於樂，無異於在比薩餅裏摻進了臭豆腐，你覺得有價值，人一聞就不是味。

　　新人類並非反對思考，但絕對不求甚解。他們更喜歡跟著感覺走，我喜歡，我就要；為什麼，不知道。

　　新人類喜歡跟著感覺走，而且特相信自己的直覺。舉凡他覺得好的，就認定准是好的，否則，你一千人說好，一萬人說好，你好你要，與他無涉。

　　因為他們喜歡跟著感覺走，所以當他喜歡艱深的時候，也不怕艱深，喜歡尼采的時候，也讀尼采；喜歡尤利西斯的時候，也欣賞尤利西斯，但同時，他又可能喜歡看手相，喜歡議論他人的星座與屬相。男孩會給女孩看，女孩也給男孩看，有時看得興高采烈，當即宣佈今天晚餐取消 AA 制，有時看得垂頭喪氣，一氣之下，便拂袖而去。

　　但也不是真信，高興固在一時，不快也是一會兒。明天一覺醒來，太陽照樣升起。

　　新人類讀書，反對長篇大套，更反對反覆引證，他們喜歡直來直去，自說自話。他們也會評論，但不喜歡邏輯，邏輯來邏輯去，未免覺得太累。他們喜歡用一個字或一個詞來表示自己的見解。

　　例如，他不同意的，他會說──不。

　　他感覺不對勁的，他會說──錯。

　　他覺得特別反感的，他會說──有病。

　　他有點看不起的，他會說──弱智。

　　有時──如果他願意也用婉轉一點的表達，他會反問：你沒病吧？不會這樣吧？不是弱智吧？沒嚇著你吧？有這麼誇張嗎？沒這麼誇張吧？

新人類不求甚解，但他們絕不是陶淵明先生，他們絕對沒有陶先生那樣的閒情逸志，也不會像陶先生那樣，偶動真情，便來一篇〈閒情賦〉的。

（11）不嚇唬人，也不聽人嚇

新人類本質上是反權威的，他不聽人嚇。

對照人類歷史，這是一大進步。在一定意義上看，人類歷史，是一部害怕史，原始時代怕鬼怕神，那個時期，不怕猛獸的人有，但不怕鬼不怕神的人沒有；儒學時代，無神論出現了，有人依舊害怕鬼神。儒學的態度是敬鬼神而遠之。就算不怕鬼了，又很怕官。平頭百姓，不但怕官，而且害怕與官相似的一切東西，怕官，怕吏，怕兵，怕匪，怕盜，等等。

人類歷史是一部害怕史，又是一部放膽史。人類總在進步，膽子越來越大。以今天中國人而論，我們祖上具有怕官的傳統，到我們這一代人，或者心裏還怕，嘴上先不怕了，背後議論領導幾句，批評幾句，甚至罵上幾句，也是常有的事。但在骨子裏，依然積習難改，有時在辦公室大發議論，天上星星也敢摘，水中鱷魚也敢騎。但頭頭兒，特別是大頭頭一來，不知怎麼的，那嗓門就小了，聲音也低了，方才的種種英雄，未曾出手，先沒了一半。

新人類全然不是如此，連同這一代人在內，骨子裏是不怕官的，新人類作為他們的代表更不怕官，也不怕管，企業老闆厲害不厲害，你可以炒我，我也可以炒你，幹的不高興，什麼高薪、高獎金，高興時便是獎金，生了氣便視為糞土。至於「糞土當年萬戶候」，更不在話下，說起那些偉人，巨人，跟玩兒一樣，而且品頭論足，沒有忌諱。

新人類中的許多人，也講究人際關係，也注重和管理者的關係，但那僅僅是作為一種「關係」來看待的，就和現在流行的公共

關係學一樣。因為你是頭，我就怕你，或者我就服你，或者我就對你忠心耿耿，別逗了，這等弱智，怎麼能稱為新人類呢？

新人類中有不喜歡作官的，也有特別喜歡當官的，不喜歡當官的，也不用自卑，喜歡當官的，就公開宣言，而且努力爭取。現在一些學校的學生而言，也講競選，而且參加競選的人真不少，選上了，高高興興；沒選上時，還真有點生氣，但很快也就忘了。那意思是說，或者明日捲土重來，或者就當是玩了一把。

新人類不怕權威，包括不怕經典，在我這樣的人眼裏，經典是何等莊嚴的內容，不敬經典，實在是有罪，但新人類不一樣，他們對於任何經典，實際上都沒有敬畏之心——除非他喜歡，否則，經典不經典，與我無關。只要不喜歡，什麼柏拉圖、亞里斯多德、笛卡爾，斯賓諾莎、洛克、培根，什麼孔子、老子、莊子、孟子、韓非子，全不在話下，林肯棒不棒，魯迅棒不棒，愛因斯坦棒不棒，喜歡他們的書才讀，不喜歡，照樣沒興趣。

你說林語堂好，他不喜歡，白廢，他就喜歡讀瓊瑤；

你說周作人好，他不喜歡，同樣白廢，他就喜歡讀席絹；

你說梁實秋好，他不喜歡，也是白廢，他就喜歡讀劉墉。

但你也不要說，他們只不過是瓊瑤水平，席絹水平，劉墉水平——不知道崇拜真的大師。

其實，瓊瑤、席絹、劉墉也是優秀人物，雖然不是大師，但有存在的必要，正如口香糖不是滿漢全席，但你真的要把一切口香糖全取消了，你問問普天之下作父母的同意不同意，你問問你自己的同胞同意不同意？

其實，新人類對自己喜歡讀的，也並非出於崇拜，還有他們猛追的歌星，猛為之流淚的球星，猛愛猛想的影星，也不一定出於崇拜，他們只是喜歡。他們的信念是，只要我喜歡，沒什麼不可以。反之，如果我不喜歡，那麼，任其花開花落，隨風飄去。

新人類也不懼怕道德，道德這件事，連德國大哲學家康德都充滿敬畏，他把道德與天上的星辰列在一起，認為是人間最具魅力又最具敬畏感的兩個內容。

新人類可不管這些，而且在他們的辭彙中道德的使用率也許是最低的一種，偶然用時，也難分辨出它究竟是褒意還是貶意。

新人類不喜歡把道德掛在嘴上，但他們絕對不乏愛心，也不缺義心，而且，他們常常是很仗義的一個階層。別人有了困難，他們願意幫助，而且說幫助馬上幫助──該出手時就出手。別看他們最習慣的人際方式是 AA 制，但別人有了困難的時候，他們就不管 AA 制不 AA 制了，常能挺身而出，而且不圖虛名。

新人類作了的事，是不喜歡張揚的，而且你讓他張揚，他也不會。

（12）本性自由，不愛束縛

新人類本性自由，特別喜歡與異性來往，但不一定談情說愛，更談不上誰和誰來往一多就愛上誰了。

這一點，老前輩們頗看不慣。為他們著急，為他們擔驚，怕他們早熟，怕他們陷入歧途。以致於看見上小學的兒子與人家的女孩來往也多心，看到上中學的女兒給男同學發短信也害怕，看到孩子的來信，就忍不住要關心關心那裏面的內容，看到街上的男孩兒和女孩兒在一起瘋玩瘋樂甚至手拉著手，不覺心驚肉跳，坐立不安。

其實，這些對新人類而言，完全是正常的，自然的，必須的，沒有什麼大不了的，而且也沒那麼多事。多說幾句話就能怎麼著了，可笑。接個吻，天就塌下來了，更可笑。對於父母親的關心，他們往往認為是多餘，而且最喜歡質問他們煩不煩，累不累？

　　新人類喜歡與異性交往，但不一定喜歡談情說愛，那些真的動不動就陷入愛情深淵的青年人，往往與新人類無關──他們骨子裏依然太傳統了些。

　　新人類不喜歡把愛掛在嘴上，對性這件事確實有些百無忌諱，事實上，他們對性事的瞭解，真的不比他們的前輩或老前輩少。而且喜歡聽人家講和性有關的事，特別是聽有趣的人講和性有關的笑話，開和性有關的玩笑。這一點，和美國的情況都不大一樣。中國的新人類，不能說個個是談性的能手，但性對他們絕對是尋常事，又是很有興味的事。一些漂亮的女孩，聽別人講性故事，開性玩笑，一邊哈哈大笑，一邊還想再聽，聽了一段又求別人再來一段。

　　新人類的性愛觀點是開放的，他們在這個領域如同在其他領域一樣，最害怕的，是受束縛，只要不受束縛，怎麼愛都可以，一受束縛馬上改變風向。

　　新人類怕受束縛，也怕受子女的束縛，所以他們中就產生丁克一族。丁克者，即夫妻雙方都有收入甚至都有很好的收入，但是絕對不要孩子的夫妻生活。

　　他們不要孩子，並非不喜歡孩子，但為著不受束縛，寧可多買幾個土娃娃，洋娃娃、布娃娃、小布娃娃。順便提一句，他們不僅怕受孩子的束縛，就是養寵物，也不願親自動手飼養它們，寧肯買個電子狗或者電子鳥。您要說，電子狗、電子鳥怎麼比得上真狗真鳥，那您就不瞭解新人類了，他們的思維方式是，希望得到養寵物的妙處，但不希望接受養寵物的麻煩。

　　新人類怕受婚約束縛，因此，寧可選擇同居。同居造成了不良後果，是沒有法律保障的，新人類又有文化，又不弱智，這一點，他們當然懂得。但一想到結婚已經如此麻煩，將來萬一離婚，分割財產又是如此麻煩，雖然同居缺少法律保障，兩害相權取其輕，還是同居的好。

　　新人類更怕受無愛婚姻的束縛，所以，他們即使決定結婚了，也要對這婚姻作出理性的思考。說白點，就是未曾結婚先想到離婚，而且要為可能的發生的離婚作好種種準備，其中最要緊的一件事，就是實行婚姻 AA 制。

　　吃飯 AA 制，是各付各賬，婚姻 AA 制也是各付各家庭賬，比如每人每月各交一定數額的家庭生活費，其他事情，各人自便。

　　不僅如此，更重要的是進行婚前財產公證。說明哪些財產是我的，哪些財產是你的，防備將來離婚時，混水摸魚，糾纏不清。

　　未曾結婚，先想離婚，這婚還結個什麼勁？——傳統的中國人常常會這樣想。他們覺不出他們的這種思維方式其實並不科學。

　　如果以此類推，吃了飯還要大便，喝了水還要小便，那這飯還吃個什麼勁，這水喝個什麼勁？

　　再以此類推，人有生就有死，有生必有死，既然人人都必定是死，那還活個什麼勁？

　　離婚儘管離婚，結婚還要結婚，這在新人類看來完全是兩碼事，正如大便儘管大便，小便儘管小便，該享受吃的樂趣還是享受吃的樂趣，該享受喝的樂趣依舊照喝不誤。

　　新人類甚至害怕受愛情的束縛，因此他們常常主張，不要愛那麼多，最好愛一點點。美食雖好，吃得太多，會發胖，有些節制，也很不錯。

　　但這並不證明，他們的愛不真切，不投入，不專一。新人類的愛，用幾句歌詞表示，愛是這樣的：

　　　愛到極度瘋狂，愛到無法想像
　　　愛到像狂風吹落的風箏
　　　失去了方向

　　然而，不受束縛，真的不愛了，既不尋死覓活，更不死纏爛打。愛時固然瘋狂，不愛了，就大路朝天，各走半邊。沒有愛情維繫，正好解脫自己──

> 解脫，是肯承認這是個錯
> 我不應該還不放手
> 你有自由走我有自由好好過
> 解脫是懂擦乾眼淚看以後
> 找個新方嚮往前走
> 這世界遼闊
> 我只是實現一個夢

　　把這一段和前一段歌詞的意思聯在一起，就是新人類的愛情觀。然而，說愛情觀又有點

　　老氣橫秋了，新人類要的只是有了愛情生活，很少關心什麼「觀」不「觀」的。

　　但他們有愛情，而且愛得一點也不比別人少。

　　他們不但有愛情，而且有愛心。

　　他們中的絕大多數人都是父母的寵兒，他們的父母深愛著他們，而他們也深愛著自己的父母，自己的親人，自己的朋友，只是那表現方式是新人類式的。

　　新人類的愛，並不拒絕犧牲，只是不肯失去自我。

（13）傾心舒適，酷愛真酷

　　新人類傾心舒適，誇張點說，世間一切舒適，他們都想嘗試嘗試。

　　看漂亮女孩，舒服舒服眼；

　　聽美妙音樂，舒服舒服耳；

開有趣的玩笑，舒服舒服嘴；

遊山玩水，舒服舒服腿。

為著興致的一時舒適，他們不惜大把花錢；

為著感情的一時舒適，他們也不拒絕一夜之歡。

至於那些與舒適相關的事物，他們樣樣都知道，而且樣樣都喜歡。舉凡香車寶馬，盛筵星樓，俊男靚女，名牌服飾，別墅莊園，但能有的，全都憧憬。

然而，新人類雖有憧憬，但不耽於幻想。相比之下，他們更喜歡眼前的口腹之樂。他們喜歡洋餐，但不拒絕中餐，不管洋餐中餐，只要合口就好。他們喜歡大場面，但絕不拒絕幽然秘所。大場面有大表現，大表現有大快樂，大吃之快大喝之樂。幽然秘所，情趣悠閒，燭光閃動，愛意綿綿。他們喜歡幽靜，又不拒絕熱鬧，甚至大鬧特鬧，亂鬧瘋鬧，鬧得天花亂墜，尤其喜不自勝，而且鬧儘管自玩，絕然不妨害吃喝，非得朵頤大快，才是真的喜歡。

新人類重視吃、穿，不但掛在嘴上，而且真有講究，不但真有講究，而且真有品位。床不好，自然不行，沒有一張好床，哪來的好夢；坐椅不好，也不行，沒有一把好的坐椅，哪來好的談笑之情；沒有好的裝束，尤其不行，衣著都不到位，連人類都快不算了，還算什麼新人類！

新人類傾心舒適，但不一定非要奢華。與奢華相比，他們更追求個性。100 個百萬富翁，排在一起，可能找不出幾個有個性的形象來，但 1000 個新人類放在一起，你就是你，我就是我，他就是他。

新人類傾心舒適，酷愛真酷。酷已經十分醒目，但好像還不夠刺激。實際上，酷與酷也有不同。只是穿的酷，長得酷，不過是表面文章，不算真酷。真的酷者，未見其人，先見其心，他們要做的常常是常人不能做，不肯做也做不來的事情。所以新人類，可能不

佩服任何一個政治領袖，但他們絕對佩服余純順。他們能不能成為余純順不說，單那精神，就給他們以酷的感覺。

真的酷者，是敢冒天下大不韙的人，然而不是與天下人做對，而是與天下人不同。他們敢爬最難爬的山，敢游最危險的河，敢走最荒涼的沙漠，敢開最具挑戰性的車。

唯有此等樣人，才是真的酷者。

（14）只有同感，沒有一律

新人類與新人類之間，只有共同傾向，沒有統一規則。

新人類是最個性化的，最反感的就是千篇一律；執著於單一風格的，新人類中沒你。

新人類是最自由化的，他們毫不掩飾自己的愛好。一件好事，你喜歡，你去好了，我不喜歡，我就不去。你有卡迪拉克，也拉不走我，你有千萬理由，也說不服我。

新人類並不拒絕傑出，但也不拒絕平庸，愛傑出的儘管傑出，我不愛傑出，便與傑出無緣。我只愛平庸，認定平平庸庸是神仙。

新人類不拒絕思考，但也不輕視淺薄。而且他們根本也不認為有什麼行動隨隨便便就可以被人冠名為淺薄。你愛思考，儘管思考，思考成了愛因斯坦，也是你的事。我不愛思考，就愛塗口紅，畫眼影，玩跳舞毯，吃口香糖，大腦閒閒，樂而忘返。

新人類喜歡問為什麼，但當他們連珠炮式地問你為什麼的時候，內心所要表現的可能只是一種興趣，也可能是不愉快的情緒狀態。雖然他們特別喜歡問為什麼，其實並不想知道為什麼或為什麼為什麼？他不過問問而已，你可以回答，也可以不回答。你不回答，他可能自問自答，你回答，他也可能並不聽你回答。

新人類也有喜、怒、哀、愁，然而都是個性化的。哭就哭，哭不一定代表軟弱；笑就笑，笑不一定代表高興，哀就哀，哀不見得非讓天下人都知道：愁就愁，愁的白了頭髮，就把它染成紅的。

老人類人人像人人，新人類自己像自己。

（15）古今中外，一通兒戲說

新人類有點沒正經，根據是，他們很習慣也很喜歡「戲說」。

喜歡戲說，就厭煩正說，你給他講包青天，講歷史上的真包青天，他不高興聽；講古典小說上的包青天，他不耐煩聽；講民族戲劇中的包青天，他不高興聽。你講包青天，最好是戲說，如同電視劇《少年包青天》那樣，雖然生在儒學時代，一定要會玩，會樂，會男女授受大親，會談情說愛。

喜歡戲說，就反對雅說。唐伯虎三笑點秋香，那就雅了。雅了，讓新人類覺得不自在，甚至不舒服。他們心目中的唐伯虎，應該是搞笑的，有點米老鼠或唐老鴨式的；或者臉上有塊白豆腐的，行動有點瘋瘋傻傻的。雖然瘋瘋傻傻，但又不失聰明，雖然不失聰明，倒或有點可笑。至於才子不才子，不是主要的。唐伯虎只是個符號，能戲說唐伯虎才引人發笑。

喜歡戲說，自然反對「真」說。說到乾隆，說成歷史了，沒勁了，一個清朝的皇帝，有什麼看頭。別說清朝皇帝，就是華盛頓，羅斯福，也未必能引起新人類的興趣。他們要看的乾隆，不是真的乾隆，而是好玩的乾隆。服裝對不對，沒關係，語言對不對，沒關係，風俗對不對，沒關係，景物對不對，沒關係。那些讓老藝術家們深惡痛絕的歷史失實，「穿幫」漏餡，在他們看來，全不算一回事，只要看著好樂，我就投你一票。

　　新人類喜歡戲說，因為他們重的是感覺，要的是情緒。所以，在老人類看來，未免有點文化斷裂之嫌。然而，有一位新人類的知心者飛飛說得好：「我斷裂，我怕誰」。飛飛這樣寫道：

　　現代人是斷裂的，他們的生活乃至文化，也是如此。「行雲流水」，「一氣呵成」這等辭彙只能是老土的代名詞，而採樣、跳切、拼貼、逆向思維是屬於青年一族的。

　　看電視，MTV 絕對是現代人的新寵，而從那一幅幅經過精美構圖、精心剪輯，並毫無意思的畫面裏，他們看見的體會到的是一種情緒，足夠了。……有著看尼采那空閒，上網不是已經和多少 MM（姑娘）聊上了。

　　新人類喜歡幾乎一切最現代最前衛的內容，然而，他們並不拒絕土得掉渣兒的東西。也不輕視洋人的玩藝。但他們有自己的處理方法。多麼莊嚴古老或者洋氣十足的內容，經過他們一處理，就生活化個性化而且娛樂化了。

　　中國的古代陶瓷，偉大不偉大，新人類也玩這個，但他們不是玩收藏，而是玩「陶吧」。

　　洋酒名氣響不響，價值貴不貴，新人類也要嚐嚐，但他們並不想為此付出半年的勞動代價，卻喜歡高高興興進酒吧。

　　舞蹈雅不雅，古典舞雅到出神入化，現代舞且雅且俗、俗而又雅，新人類觀賞之餘，還要自己參與，他們會興興致致赴「舞吧」。

　　一切古的洋的，都要為今人所愛，今人所用，這本是一條萬古從新之路，只是新人類的表現更其搶眼，並且更富於「玩」的色彩。

（16）變幻無常，活在路上

　　新人類的興趣大半發生在變化之中。他們喜歡變化，推崇變化，不變化就覺得沒意思。而且，他們的變，目的是沒有的，非要找一個目的出來，變就是目的。

　　新人類喜歡新裝，但更追求時尚。他們對服裝的愛好是超常的，又是沒有一定之規的。今年喜歡長，明年喜歡短，春季喜歡綠，秋季喜歡紅。絕不似他們前人，因為喜歡西服，可以喜歡一輩子；因為喜歡旗袍，也可以喜歡一輩子。他們沒有這樣的觀念，他們的喜歡服裝，一大半是跟著心情走，只要能娛我心，就愛你沒商量。

　　新人類喜歡寵物，也沒有一定之規，不是玩鳥的永遠玩鳥，玩魚的永遠玩魚。您跟一個「鳥蟲」說魚，差不多等於跟文盲講粵語。新人類喜歡寵物，並不一條道走到黑。今天喜歡養小鳥，明天喜歡養小雞，後天喜歡養變色龍，大後天可能喜歡養毒蜘蛛或銀環蛇。蛇是怪物，老人們稱之為瘆人蟲，但新人類懂得科學，認同博愛，養起毒蟲，也毫不遜色。這就難怪有那麼一時，連蟑螂都成為了他們的寵物，害得多少專家著急上火。其實，無須焦慮，他們的這種興致，不管好也罷，壞也罷，鐵定是無法持久的，過不了多時，便又關心別的寵物去也。

　　新人類也有懷舊惑。而且，當此新、舊世紀之交，他們也忘不了那種纏纏綿綿的懷舊情緒。但他們的懷舊與老人類不同，他們懷念的多是與他們的個人感情有密切關係的一切，如一片做成標本的紅葉，一張兒時的照片，一件他年收穫的小禮物，以及一段唯有自己喜歡的回憶，以及那片片點點，時而想起時而忘記的如夢的記憶。

　　新人類懷舊，懷舊只是一時，把記憶中有趣的地方尋找出來，然後裝進新的人生，才是他們的真趣所在。

　　新人類好變，他們的偶像尤其好變，以致有知情者提出：

　　像歌星王菲、蔡依林以及「S.H.E」等，他們所要的只有一件
事，就是在外在形象上不斷地否定前一個「我」，演繹下一個「我」。

　　古人云「我與我周旋久，寧做我。」新人類不是這樣，他們寧
可做一個多變的我，做一個夢中的我，做一個虛擬的我，做一個非
我的我，當然到頭來，還是一個「新人類」的我。

　　新人類也在變化，而且再新的人類也將老去。但因為他們追求
的就是變，所以，變對於他們來說，就顯得雖有些無奈，畢竟不那
麼可怕了。

　　把頭兒歪歪，

　　小手擺擺

　　別把我們想得太壞

　　把頭兒歪歪

　　小手擺擺

　　可不可以一起跳起來。

　　這樣的情調正是新人類的情調，理解他們的便可以和他們一起
起舞──跳起來，否則，他也絕不在乎。

3.面對新人類：學點什麼，說點什麼

　　面對新人類，議論紛紛，有褒也有貶，有愛也有恨。

　　我覺得，作為我們這些人到中年的人，有必要思考一下，除去對
新人類指指劃劃之外，有沒有什麼地方值得我們向人家學點什麼呢？

　　我覺得，至少有三個層面，新人類值得我們這些老人類學習。
如果別人不同意我這看法，那麼就改成：值得我學習。

　　第一個層面，新人類不尚空想，關注生活。

　　新人類是生活一派。他們關注生活遠遠超過關注政治。以美國的情況為例，近幾十年，西方國家每當大選，其參選率都不高，其中一個原因，是青年人對政治生活興趣淡漠。他們認為，驢也罷，象也罷，驢象大戰，不關我事。

　　新人類關注生活，是一個大大的優點，至少比我們這一代人強。我們這一代人，從小受政治教育，是喊著「毛主席萬歲」長大的。然而，我們無須驕傲，真的反思起來，我們熱戀政治十幾年，幾十年，就真的懂得政治了嗎？可歎的是，我們中國很多人，政治沒有搞順，連起碼的生活基礎也耽誤了。

　　有生活而後有政治，乃是一個真理。酷愛真理的老人類們，若是不懂這個真理，不妨向新人類們靠近靠近，學習學習。

　　第二層面，新人類活得自然，雖愛標新立異，但絕不矯情。

　　矯情是中國文化一大通病，說俗點，就是我們中國人，有一種道德表演欲。我們特別喜歡向別人展示自己的道德，一說到道德二字，就有點不太正常。我們常常把一件極小的事情，道德化了，從而不惜把它記在本上，寫在日記裏，向人顯示，自我誇耀。

　　矯情的中國人，又特別喜歡煽情的故事，站在正常心態上看，就是有點假了。

　　為著這矯情，我們會不顧後果地吁吁平民百姓赤手空拳地去抓賊；我們會號召在劫機犯面前，不顧旅客安全與他們決鬥；我們會把一個先進典型變成一個模式，從而，不惜讓他成為一個不近情理的人。如此等等，討厭得很。

　　在這方面，我們是真該向新人類學學，高興什麼就做什麼，不高興什麼就隨他去。我們不反對表現，但應該由著自己的內心去表達，而不做道德的臉譜，更不做道德的奴才。

　　第三個層面，新人類活得坦白，厭惡心計。

中國傳統，心計太多。不信你看看《三國演義》，再看看《東周列國志》，還有《金瓶梅》與《紅樓夢》。

中國人活得累呀！因為我們常常要防備別人，既要防備別人暗算自己，有時又自覺不自覺地去暗算別人。我們一面嘲笑「機關算盡太聰明，反誤了卿卿性命，」自己又禁不住暗中盤算，竟不自知已經做了被聰明所誤的人。

我們教育孩子，怕他們沒心眼，喜歡他們心眼多，怕他們沒心沒肺，指導他們處處提防，事事小心；怕他們被人騙，錢被人騙，已經心疼，人被人騙，更要發瘋。於是兒女出行，總要千叮嚀，萬囑咐，萬囑咐，千叮嚀。

然而，新人類們，原本沒有這麼多心計，也不需要這麼多心計。對於那些城府太深的人，他們的辦法，是敬而遠之，甚至鄙而遠之。您太複雜。本人不懂，對不起，再見吧。

我想我們炎黃子孫，如果活得簡單些，再簡單些，更簡單些，那幸福一定更多。

簡單本身，就是一種生活的幸福，一種精神的幸福。

但我也不認為，新人類盡善盡美，世界上哪有盡善盡美的人或人群呢？除非上帝，但上帝高高在上，沒有人間的快樂。

新人類，就其現實的表現特徵看，他們往往是非主流的，非規範的，又是非傳統的，然而，「非」上一點，有何不可？只是不要孤芳自賞，退一步講，就是有些孤芳自賞，又有什麼了不得？

非主流，其實也是人生的一種自由，但我希望能和主流人際進行溝通，否則，你的活動天地就小了。

非規範，又要瞭解和尊重社會規範。任何新人類，畢竟要在社會中生活，要參加工作，要取得收入。你可以不喜歡收入，但你不能沒有收入，新人類中的多數人，可以當他的自由職業者，多數人還是要到機關，到企業，到學校，到各種集體性單位去工作。你去

企業，企業的規章制度一條也不能違反，否則就有可能被炒了魷魚；你去學校，教師的職業規範同樣不能違反，否則，同樣會被炒了魷魚。

新人類，精神是自由的，但職業生活應該是規範的，總不規範，難有崗位。

非傳統是新人類的特徵，但傳統的存在又是不以人的意志為轉移的。實際上，新的文化總會對傳統形成衝擊，形成挑戰，並促使傳統文化發生變化，而且自己也將融入到傳統文化中去，從而形成新的文化積澱。

新人類的意義在於，它是文化的衝擊者，又是饋贈者，他可以在主觀上要求自己一塵不染，但作為一種文化，它必將與傳統互動，與傳統交感，與傳統共存和共鳴。

我希望，作為新人類的人的也能繼續往深裏走，也能形成自己的經典，自己的大師，當然沒有經典，沒有大師，人類照樣生存，或者同樣生活得很好，但出幾個經典，出幾位大師，想來縱然是新人類，或新新人類，也絕不是什麼壞事的。

新人類未必成為未來社會的主流。但肯定成為人類文明的某種動力。人生自古誰無死，但願世世作新人。

生死兩論（上）──生命，向傳統提問

哲學宗教類　PA0039

生死兩論（上）
——生命，向傳統提問

作　　者 / 史仲文
主　　編 / 蔡登山
責任編輯 / 蔡曉雯
圖文排版 / 陳佳怡
封面設計 / 蕭玉蘋

發 行 人 / 宋政坤
法律顧問 / 毛國樑　律師
印製出版 / 秀威資訊科技股份有限公司
　　　　　114 台北市內湖區瑞光路 76 巷 65 號 1 樓
　　　　　電話：+886-2-2796-3638　傳真：+886-2-2796-1377
　　　　　http://www.showwe.com.tw
劃撥帳號 / 19563868　戶名：秀威資訊科技股份有限公司
　　　　　讀者服務信箱：service@showwe.com.tw
展售門市 / 國家書店（松江門市）
　　　　　104 台北市中山區松江路 209 號 1 樓
　　　　　電話：+886-2-2518-0207　傳真：+886-2-2518-0778
網路訂購 / 秀威網路書店：http://www.bodbooks.tw
　　　　　國家網路書店：http://www.govbooks.com.tw
圖書經銷 / 紅螞蟻圖書有限公司
　　　　　114 台北市內湖區舊宗路二段 121 巷 28、32 號 4 樓
　　　　　電話：+886-2-2795-3656　傳真：+886-2-2795-4100

2010 年 12 月 BOD 一版
定價：260 元

版權所有　翻印必究
本書如有缺頁、破損或裝訂錯誤，請寄回更換

Copyright©2010 by Showwe Information Co., Ltd.
Printed in Taiwan
All Rights Reserved

國家圖書館出版品預行編目

生死兩論. 上, 生命,向傳統提問 / 史仲文著.--
一版. -- 臺北市 : 秀威資訊科技, 2010.12
面 ；　公分. -- (哲學宗教類 ; PA0039)
BOD 版
ISBN 978-986-221-667-5(平裝)

1. 生死觀　2. 生命哲學

197　　　　　　　　　　　　　99022165

讀者回函卡

感謝您購買本書，為提升服務品質，請填妥以下資料，將讀者回函卡直接寄回或傳真本公司，收到您的寶貴意見後，我們會收藏記錄及檢討，謝謝！
如您需要了解本公司最新出版書目、購書優惠或企劃活動，歡迎您上網查詢或下載相關資料：http:// www.showwe.com.tw

您購買的書名：＿＿＿＿＿＿＿＿＿＿＿＿＿＿＿＿＿＿＿＿＿＿＿＿＿

出生日期：＿＿＿＿＿年＿＿＿＿＿月＿＿＿＿＿日

學歷：□高中 (含) 以下　　□大專　　□研究所 (含) 以上

職業：□製造業　□金融業　□資訊業　□軍警　□傳播業　□自由業
　　　□服務業　□公務員　□教職　　□學生　□家管　□其它＿＿＿＿

購書地點：□網路書店　□實體書店　□書展　□郵購　□贈閱　□其他

您從何得知本書的消息？

□網路書店　□實體書店　□網路搜尋　□電子報　□書訊　□雜誌
□傳播媒體　□親友推薦　□網站推薦　□部落格　□其他＿＿＿＿＿＿

您對本書的評價：(請填代號　1.非常滿意　2.滿意　3.尚可　4.再改進)

　封面設計＿＿＿　版面編排＿＿＿　內容＿＿＿　文／譯筆＿＿＿　價格＿＿＿

讀完書後您覺得：

□很有收穫　□有收穫　□收穫不多　□沒收穫

對我們的建議：＿＿＿＿＿＿＿＿＿＿＿＿＿＿＿＿＿＿＿＿＿＿＿＿

＿＿＿＿＿＿＿＿＿＿＿＿＿＿＿＿＿＿＿＿＿＿＿＿＿＿＿＿＿＿＿

＿＿＿＿＿＿＿＿＿＿＿＿＿＿＿＿＿＿＿＿＿＿＿＿＿＿＿＿＿＿＿

＿＿＿＿＿＿＿＿＿＿＿＿＿＿＿＿＿＿＿＿＿＿＿＿＿＿＿＿＿＿＿

請貼
郵票

11466
台北市內湖區瑞光路 76 巷 65 號 1 樓

秀威資訊科技股份有限公司　　　收

BOD 數位出版事業部

....

（請沿線對折寄回，謝謝！）

姓　　名：＿＿＿＿＿＿＿＿　年齡：＿＿＿＿　性別：□女　□男

郵遞區號：□□□□□

地　　址：＿＿＿＿＿＿＿＿＿＿＿＿＿＿＿＿＿＿＿＿＿＿

聯絡電話：(日) ＿＿＿＿＿＿＿＿＿＿ (夜) ＿＿＿＿＿＿＿＿＿

E-mail：＿＿＿＿＿＿＿＿＿＿＿＿＿＿＿＿＿＿＿＿＿